나는 좀 더
계산적일 필요가 있다

나는 좀 더
계산적일 필요가 있다

마법의 숫자 1 to 10 활용하기

장준환 지음

한스컨텐츠

당신의 행복을 불러올
열 개의 숫자

변호사 업무와 대학 강의를 위해 한국과 미국을 오가며 산다. 그러면서 두 나라의 문화와 생활 양식 차이를 생생하게 느낀다. 이러한 차이의 인식이 이 책을 쓰게 된 계기이다.

재미교포 한인으로서 한국인에 대한 자부심이 크다. 객관적으로 살펴보아도 한국인은 똑똑하고 유능하며 성실하다. 그런데 그만큼의 성취를 누리고 사는 것 같지 않아 서운하고 안타까운 마음이 들 때가 많다. 특히 '행복'에 취약하다는 것이 각종 조사를 통해 드러나고 있다.

왜 이렇게 되었을지가 오랜 의문이었다. 크고 작은 여러 이유가 있을 터이다. 하지만 그것을 심층적으로 파고드는 것은 내 영역이 아니다. 다만 마땅히 얻어야 할 행복과 성취를 이루는 데 도움을 줄 작은 도구를 찾아 제시하고 싶었다. 자기 고유의 기질과 성향, 가치관을 건드리지 않으면서도 삶을 더 풍요롭게 만들 작은 변화의 방향이 무엇일지 고민해왔다.

어느 날 불현듯 아이디어 하나가 스치고 지나갔다. 미국인에게는 아주 흔한 사고방식이지만, 한국인에게는 낯선 것. 바로 '1 to 10'이다. 감정, 상황, 정체성, 인간관계 등 추상적인 관념을 구체적인 숫자로 표현하는 방식이다. 미국에서는 1 to 10으로 생각을 정리하고 상황을 진단하며 정보를 주고받는 것이 드물지 않다. 그리고 이것은 매우 효과적이다.

책을 쓰겠다고 결심한 후 자료를 모으고 관련된 공부를 하면서 한국인이 숫자를 싫어한다는 것을 알게 되었다. 수학을 못 한다는 뜻이 아니다. 숫자로 표현되지 않는 영역에 숫자를 개입시키는 것을 꺼린다. 그리고 '계산적'이라는 평가는 비난에 가깝다. 그 결과 일상의 판단에서 정교함이 떨어지는 경향이 있다.

한국인이 조금만 더 계산적이라면, 그것이 문화적으로 용인된다면 매우 긍정적인 결과를 낳으리라 믿는다. 자기 자신에 대해, 살면서 부닥치는 다양한 상황과 문제, 관계 등에 대

해 측정하고 계량하고 분석하는 태도가 쌓인다면 내면의 힘
이 강력해질 것이다.

조금 더 계산적이어도 괜찮다. 계산적이라고 해서 시원시
원하고 호방한 성격이 사라지지 않는다. 직관적이고 감성적
인 판단력이 방해받지 않는다. 오히려 이런 성향과 역량이 더
욱 강화될 것이다. 복잡한 기법이나 공식을 익힐 필요도 없다.
1부터 10까지, 열 개의 숫자면 충분하다. 열 개의 숫자를 이
용해 당신이 더 행복해지기를 바란다.

Contents

1장

계산적 삶으로의 초대

당신이 행복해야
세상도 행복해진다

행복하십니까?

"당신은 지금 행복한가, 얼마나 행복한가?"

이 질문이 도발적으로 느껴지는 사람도 있을 것이다. 심지어는 '지금 내가 행복한지' 같은 질문을 한 번도 던져본 적이 없는 사람도 있다. 당신이 그중 한 명일 수도 있다. '그런 한가한 생각 따위 할 틈이 어디 있어, 그저 주어진 대로 살아가는 거지.' 이것이 당신의 결론일지도 모른다.

사람은 자신의 행복을 좇으며 살도록 프로그래밍된 존재다. 아리스토텔레스가 "인간 삶의 목적은 행복"이라고 단언한 이후 2400년 가까운 시간이 흘렀지만, 이 명제를 명쾌하게 반박하는 사람은 나오지 않았다. 우리는 의식하든 의식하지 않든 행복을 추구하며 산다. 그리고 지금 행복을 향해서 나아가고 있다고 어림짐작하며 치열하고 고통스러운 일상을 받아들인다. 그러는 동안 행복을 잊는다. 이것이 우리 삶의 역설이다.

한 시인의 말처럼 우리는 이 모든 것이 "인간답게 살기 위해서라 생각"한다. "인간답게 살 수 있는 터전과 인간답게 살 수 있는 시간을 벌기 위해서"라 스스로 위로하며 지쳐간다. "밤이 깊어서야 어두운 골목길을 혼자 돌아와 돌아오기가 무섭게 지쳐 쓰러지곤" 한다. 그러나 당신이 자신의 행복을 다시 돌아보지 않는다면, 당신의 "몸에서 조금씩 사람의 냄새가 사라져가는 것"을 느끼면서 내일도 "어두운 골목길을 지친 걸음으로 혼자 돌아올 것이다."¹

지금 당장, 당신의 행복을 점검해보아야 한다. 만약 당신이 행복하지 않으면, 당신이 그토록 사랑하는 가족과 연인, 친구와 동료도 행복할 수 없다. 당신이 먼저 행복해져야 세상도 행복해진다.

내가 행복해지려면 이기적이어야 한다. 내 행복을 삶의 우선순위 맨 앞자리에 두어야 한다. 남들을 행복하게 만들겠다는 의미 없는 노력을 그만두라. 무조건적인 의무감과 배려심의 늪에서 자신을 건져내라. 세상이라는 그림의 중심에 나를 놓아라. 당신이 원하는 것을 분명히 하고 그것을 요구하고 챙기라.

당신은 더 이기적이어도 괜찮다

미국의 커뮤니케이션 전문가 샘 혼은 열정적 인생을 살았다. 양어깨에 무거운 짐을 짊어진 듯 짓눌린 일상이었지만, 그것이 '모두의' 행복으로 나아가는 길이라 믿었다. 샘 혼에게는 자상한 아버지가 있었다. 그의 아버지는 미국 전역의 국립공원을 여행하겠다는 꿈이 있었지만, 그 꿈을 은퇴 이후로 미루었다. 그리고 일과 가족을 위해 평생을 바쳤다. 샘 혼의 아버지는 은퇴했지만, 간절한 꿈은 이룰 수 없었다. 은퇴 일주일 만에 뇌졸중으로 쓰러졌기 때문이다.

이 일을 계기로 샘 혼은 자신의 행복을 돌아보게 되었다. 자신 또한 아버지와 하나도 다른 점이 없었다. 일과 가족에 우선순위를 내주고 자신의 행복을 뒤로 미룬 상태였다. 그는 결단을 내렸다. 자신의 행복을 더는 뒤로 미루지 않기로 했다. 그리고 '물가에서 1년 살기 프로젝트'를 시작했다. 샘 혼의 이야기는 전 세계로 퍼져 '1년 살기' 열풍을 불러일으키기도 했다.

샘 혼은 자신의 경험과 깨달음을 담아 『오늘부터 딱, 1년 이기적으로 살기로 했다』라는 책을 썼다. 그리고 관계와 의무감 속에서 행복을 잃어가는 사람들에게 도전적인 메시지를 던진다. "이기적으로 사는 것이 역설적으로 일과 삶의 조화와 관계의 안정을 가져다줄 수 있다."[2]

행복을 계산하기

나는 당신이 행복해지고 행복을 찾아 이기주의자가 되기 위한 효과적인 방법을 제안하려 한다. '계산적'으로 살라는 것이다. 읽자마자 거부감이 드는 사람도 있을 것이다. 탐욕스럽고 쪼잔하고 각박하고 무미건조하며 냉혹한 기계 뭉치를 떠올리며 손사래를 칠 수도 있다. 아니면 치밀하고 분석적인 완벽주의자 성향은 자신에게 맞지 않는다고 의기소침해질지도 모르겠다.

그렇게 생각하는 사람이 있다면, 안심해도 된다. 내 제안은 숫자에 짓눌려 살자는 것이 아니기 때문이다. 우리는 간단하면서도 강력한 도구를 통해 내 마음을 돌아보고 선택의 방법을 개선하고 진정한 자기 행복을 찾아 나설 수 있다. 그래서 '마법의 숫자'라 자신 있게 이름 붙일 수 있었다.

여기서는 근본적인 측정과 계산부터 시작하자. 내가 던지는 질문에 답해보라. 그리고 이에 대해 잠시만 깊이 생각해보자. 이것이 출발이다.

당신은 지금 얼마나 행복한가? 불행과 고통이 극심하여 죽는 것보다 못하다가 1점, 더 이상의 행복은 상상할 수도 없다를 10점으로 두고 측정해보자.

당신의 신체는 얼마나 건강한가? 최악을 1점, 최선을 10점으로 두고 측정해보자.

당신은 얼마나 부유한가? 최악의 가난을 1점, 최고의 풍요를 10점으로 두고 측정해보자.

당신의 인간관계는 어떤가? 최악이 1점, 최고가 10점으로 보고 측정해보자.

당신은 지금 당신의 일에 얼마나 만족하는가? 지금 당장 때려치우고 싶다면 1점, 이보다 좋을 수 없다면 10점으로 보고 측정해보자.

각각의 항목에 점수가 나왔다면, 이 점수를 높이기 위해 무엇이 변해야 할지 살펴본다. 여러 항목 중에서 외부 환경이 달라져야 하는 것은 제외하자. 비록 엄청난 결단이 필요하다 하더라도 내가 선택하고 통제할 수 있는 일들만 떠올려보자.

이렇게 당신을 들여다보고 선택지를 찾아가는 과정이 계산적 삶의 출발점이다.

변화 강박증
극복하기

자기계발의 배신

1998년 미국 서점가에 스펜서 존스의 『Who Moved My Cheese(누가 내 치즈를 옮겼을까)?』가 등장한 후, '변화'는 전 세계 자기계발의 '화두'로 떠올랐다. 변화한 세상에 맞추어 자신을 변화시키지 못하면 생존할 수 없다는 절박한 메시지가 수많은 사람의 폐부를 찔렀다.

사실 '변화'는 동서고금을 막론하고 자기계발의 중심을 차지했다. 『Who Moved My Cheese?』 열풍은 그것을 확인시킨 하나의 계기였을 뿐이다. 오랜 역사를 가진 중국의 고사성

어 중 환골탈태換骨奪胎, 괄목상대刮目相對, 개과천선改過遷善 등
은 인간 존재의 극적인 변화를 이상적인 모습으로 제시한다.
삼성그룹 고 이건희 회장은 1993년 신경영을 선언하면서 "마
누라와 자식 빼고 다 빠꿔라"고 역설했다. 최근에는 4차 산업
혁명이라는 거대한 기술적 변화에 맞추어 일과 삶의 방식을
전면적으로 바꾸라는 조언이 상식으로 굳어지고 있다.

그런데 변화의 당위성은 이해한다 하더라도, 실제 변화는
몹시 어렵고 고통스럽다는 점에 문제가 있다. 자기계발 베스
트셀러들이 요구하는 변화는 존재 자체의 질적 변화이다. 이
상적인 모습은 이미 정해져 있고 여기에 도달해야 하는 과제
만 남는다. 그런데 이것은 사실상 불가능하다. 대다수 심리학
자의 연구에 따르면 인간의 타고난 기질은 변하지 않는다. 성
격이 변하는 것도 매우 어렵다. 습관이 바뀌는 것은 가능하지
만, 엄청난 노력이 필요하다.

변화를 추구하는 자기계발의 과정 또한 험난하기 그지없
다. 현대 자기계발의 교과서로 추앙받는 스티븐 코비의 『성공
하는 사람들의 7가지 습관』에 담긴 교훈을 실천에 옮기려면
뼈를 깎는 인내가 필요하다.

미국 자기계발의 아버지로 꼽히는 벤저민 프랭클린은 자신

이 평생 지켜야 할 13가지 덕목(절제, 침묵, 질서, 결단, 절약, 근면, 진실, 정의, 중용, 청결, 평정, 순결, 겸손)을 선정해서 매일 그것을 반성하며 기록했다. 이러한 매일의 점검과 변화 관리는 전 세계 수많은 비즈니스맨이 애용하는 『프랭클린 플래너』로 발전했다. 사실 벤저민 프랭클린의 자기 연마 노력은 초인적이라 할 수 있다.

자기다움의 회복

나는 행복한 변화를 위해서 변화 강박증을 버려야 한다고 본다. 특히 이상적인 인간형을 정해 놓고 거기에 맞추어 자기 존재를 탈바꿈하는 일은 불가능하며, 설령 가능하다 하더라도 권할 만한 일은 아닐 것이다.

세상은 "변하지 않으면 죽는다"라고 협박하듯 우리를 억누르지만, 전혀 변하지 못하는 것보다 더 무서운 상황도 있다. 변화해야 한다는 강박증만 앓는 상태이다. 이런 고통 속에 사느니 차라리 변화를 시도하지 않는 게 더 낫다.

애쓴다고 해서 누구나 스티브 잡스처럼 창의적이며 혁신적인 사람이 될 수 없다. 이 시대가 아무리 창의적 혁신을 요구한다 하더라도 어쩔 수 없다. 더욱이 고약하고 괴팍스러운 성격은 쏙 빼고 창의성만을 닮을 수는 없다. 마찬가지로 모든 사람이 빌 게이츠와 같은 미래 통찰력을 지닐 수 없으며 고정주영 회장처럼 저돌적인 추진력을 갖출 수는 없다.

따라서 '○○형 인간'이 되는 것이 변화의 목표가 되어서는 안 된다. 그러다가는 자존감을 훼손하고 갖은 고통을 겪은 후에 쓰디쓴 실패를 마주하게 될 것이다. 그보다는 '자기다움'을 회복해야 한다. 세상에 하나밖에 존재하지 않는 고귀한 품성을 회복하고 가꾸는 것이 최선일 것이다.

간편한 도구를 활용하기

계산적인 삶을 살라는 나의 조언은 계산적 존재로 변화하라는 요구가 아니다. 내가 말하는 계산적인 삶은 간단한 테크닉이며 도구일 뿐이다. 당신의 고귀한 기질과 성격, 성향은 그대로 간직하라. 그 바탕에서 도구를 활용하여 개인적 고유성을 더 풍부하게 만들라. 그것이 부작용과 내면적 상처 없이 행복한 인생으로 나아가는 길이다.

예를 들어 당신이 베풀기를 좋아하는 통 큰 사람이라면, 지금 세상이 절약형 인간이나 짠돌이를 이상적으로 본다고 해서 그에 맞추어 자신을 변화시키려 할 필요가 없다. 그런 변화는 가능하지 않거니와 정말 그렇게 변화한다면 당신은 극심한 불행에 빠질 게 뻔하다. 그보다는 기분에 따른 '즉흥적' 베풀기를 줄일 수 있도록 '예산'을 짜두고 적용하면 된다.

또한, 당신은 더 나은 세상을 만들겠다는 열정이 넘치는 사람일 수도 있다. 시대적 가치관이 공동체주의에서 개인주의로 바뀌었다고 해도 당신의 열정은 멈추지 않을 것이다. 당신은 숫자와 계산을 통해 당신이 열정이 실질적인 세상의 변화로 이어지는 데 가장 효과적인 방법을 찾는 게 바람직하다.

있는 그대로의 당신을 받아들이고 사랑하라. 다른 존재로 바뀔 필요가 없다. 여기에 숫자라는 도구와 계산이라는 간단한 기술을 덧붙여라. 마치 게임 캐릭터가 아이템을 얻듯이 말이다. 그러면 당신은 행복한 변화의 길로 접어들 것이다.

계산적인
버락 오바마

좀 계산적이면 어떤가?

나는 버락 오바마 전 미국 대통령을 좋아한다. 로스쿨 졸업 후 잠시 민주당에 몸을 담았던 경험과 정치적 성향 때문이기도 하지만, 버락 오바마의 담대하면서도 현실적인 정책, 진솔하고 설득력 있는 연설에 이끌렸으며 소탈하고 겸손한 인간적 풍모에 깊은 매력을 느꼈다. 특히 후임 대통령인 도널드 트럼프와 극명하게 대비되어 더욱 빛나 보인다.

도널드 트럼프에 대해서는, 그가 유력 정치인으로 떠오른 현상 자체가 미국을 비롯한 민주주의 사회의 비극이라 받아들었다. 그래서 여기에 대해서 자세히 분석하여『트럼프 신드롬』이라는 책을 쓸 정도로 도널드 트럼프를 낮게 평가했다.

그런 나에게 유명한 전기 작가 데이비드 개로우가 쓴 『Rising Star: The Making of Barack Obama』는 다소 뜻밖이었다. 이 책은 1,400페이지가 넘는 방대한 분량에다 기존의 오바마 이미지와는 다른 내용이 실렸기에 큰 인기를 끌지 못했고, 한국에서도 번역되지 않았다.

오바마가 정계에 입문하기 전의 이야기를 상세히 다룬 『Rising Star』는 버락 오바마라는 인물에 대해 '계산적인 야심가'라는 혹평을 내린다. 그는 자신이 정치적으로 큰 인물이 될 것이라는 확신을 품었고 그에 맞추어 심하게 거들먹거렸다고 한다. 그가 다녔던 하버드 로스쿨에서는 누군가가 얼마나 거들먹거리는지를 따지는 '오바마노미터Obamanometer'라는 지수가 있을 정도였다고 한다.

그리고 오바마는 자신의 정치적 성장을 위해 철저히 계산된 처신을 했다고 한다. 그는 흑인이라는 자신의 정체성이 앞으로의 정치 행보에 큰 도움이 될 것이라 여겼으며, 이 때문에 흰 피부를 가진 전 여자친구 셰일라 미요시 예거Sheila Miyoshi Jager와 이별을 선택했다고 한다. 교제 중에도 앞으로 흰 얼굴의 예거와 함께 나설 때 흑인 정치인으로서 이미지가 훼손될지 모른다면서 부담스러워했다는 것이다.

하버드 로스쿨 진학 역시 정치인으로서 성장을 위한 철저히 계산된 행보였다고 한다. 가족을 아끼는 듯한 모습도 연출되었을 가능성이 크다는 뉘앙스도 보인다. 미셸 오바마가 둘째 딸 사샤를 낳은 다음 날에도 버락 오바마는 먼 곳에서 자신의 정치적 입치를 다지기 위한 미팅 중이었다고 한다.

계산에 약한 트럼프

버락 오바마는 『Rising Star』 내용에 대해 대부분 동의하지 않았다고 언론에 전해진다. 그런데 나는 이 책을 다 읽은 후에도 버락 오바마에 대한 호감이 줄어들지 않았다. 대략의 내용을 알고 책을 처음 집어 들었을 때는 약간 충격적이었지만, 찬찬히 읽어나가며 인간 오바마에 대해 더 친근하게 이해할 수 있었다. 원대한 야망과 비전을 품었다면, 하나하나 계단을 밟으며 그것을 이루어가는 과정이 계산적이라는 것은 지극히 자연스러웠다.

도널드 트럼프는 지독하게 계산적인 사람으로 보인다. 자신을 탁월한 비즈니스맨이라 내세우는 트럼프는 모든 사안에 대해서 구체적인 액수를 언급했다. 그리고 다른 나라의 동맹 관계를 다룰 때도 항상 "얼마를 손해보았다", "얼마가 이익이다"라고 들먹였다. 하지만 그는 계산적이지 않았다. 계산적인 척할 뿐이었다. 국가 이념이나 동맹의 가치를 숫자로 표현할 능력이 안 되었다. 그리고 그가 언급한 숫자들은 '팩트 체크'에 의해 대부분 사실이 아님이 드러났다. 트럼프는 올바로 계산할 줄 모르는 아둔한 사람이었다. 그가 임기 말에 부끄러운 장면을 연출했던 사건 역시 계산에 어두운 본모습을 드러낸 것이라 할 수 있다.

숫자 없는 비전, 숫자로 가득한 실천

기업의 비전과 사명은 숫자로 표현하지 않는다고 들었다. 구체적인 숫자가 원대한 지향점을 제약하거나 방향을 왜곡시킬 수 있기 때문이라고 한다. 세계적인 기업들의 비전과 사명에는 숫자가 등장하지 않는다. 디즈니랜드 입구에는 "The happiest place on Earth(세상에서 가장 행복한 장소)"라는 슬로건이 적혀 있다. 이것이 디즈니의 비전이다. 마이크로소프트의 사명은 "지구상의 모든 사람과 조직이 더 많은 것을 성취할 수 있도록 역량을 지원하는 것"이다. 구글은 "세상의 정보를 누구나 쉽게 사용하고 접근할 수 있게 한다"는 사명을 갖고 있다.

그러나 이 비전을 실행하기 위한 단계별 목표와 사업 계획서는 숫자로 가득하다. 치밀한 계산과 실천을 통해 숭고하고 원대한 사명을 이룰 수 있기 때문이다. 숫자 따위가 끼어들 틈이 없는 원대한 꿈을 꾸고 비전을 품어라. 그리고 철저히 계산적으로 그것을 향해 나아가라. 버락 오바마처럼.

숫자와 계산의
강력한 힘

언어는 기호

1, 2, 3, 4 ······.

법원, 병원, 아파트, 편의점 ······.

하늘, 나무, 호수, 바다 ······.

따뜻하다, 푸르다, 맑다, 그윽하다 ······.

위에 열거한 단어들을 읽으며 어떤 생각이 들었는가? 아래로 갈수록 감성이 더 풍부해졌을 것이다. 단어가 풍기는 느낌이 더 좋았을 것이다. 그런데 위에 열거한 단어들은 단어 그 자체로는 아무런 의미가 없다. 사실 '하늘'이라는 단어 그 자체와 진짜 하늘 사이에는 어떤 연관성도 없다. 그냥 기계적으로 짝을 지은 것뿐이다. 어느 날 어떤 독재자가 '하늘'을 '똥'이나 '1'이라고 부르라고 한다면 그 시점부터 '하늘'은 '똥'이나 '1'로 바뀐다. 그리고 오랜 세월이 지나면 후손들은 '똥같이 맑은 그대의 눈동자' 같은 말을 아무렇지도 않게 내뱉을 것이다.

언어는 사람이 지각하는 어떤 표상(사물이나 일)에 관념(의미, 내용)을 결합한 기호이다. 쉽게 말해 이러이러한 물건이나 동작, 상태 등을 ○○○라고 부르기로 한 약속이다. 그런데 기호로서의 성격이 가장 강하며 그로 인한 유용성이 높은 것이 숫자이다. 그래서 아무 뜻도 없이 건조해 보이는 숫자는 강력한 능력을 발휘한다.

숫자가 선사하는 통찰력

숫자는 탁월한 힘을 갖는다. 전체를 파악하게 하는 힘, 구체적으로 생각하게 하는 힘, 목표를 달성하도록 하는 힘이 있다. 우리가 어떤 건물을 보면서 '엄청나게 높구나'라고 막연히 생각할 수도 있지만 '63층이나 되는군'이라고 구체적으로 파악할 수도 있다. 삶을 사는 데 이 둘의 차이는 매우 크다. '시험을 약간 못 봤다'와 '점수가 4점 떨어졌다'를 비교해보자. 전자의 대책은 '다음에는 잘 봐야지'이고 후자의 대책은 '점수를 6점 더 올리겠다'이다. 그리고 뒤따르는 실천 또한 달라질 것이다.

사업을 잘하는 경영자들의 공통점 중 하나는 숫자에 강하다는 것이다. 그들은 숫자로 현상과 현상 배후의 원인을 잘 파악한다. 그리고 잘못된 수치를 금방 잡아낸다. 일 못 하는 사람들은 숫자에 약하다. 그들의 언어는 "잘 팔린다", "좀 부진하다", "조금만 더"와 같이 막연하다. 반면에 업무 성과가 높은 사람들은 "○○억 원 매출이다", "○○%p 떨어졌다"처럼 구체적으로 말한다. 그래서 설득력이 높다.

숫자 다루기 테크닉

이렇듯 숫자를 다루는 능력을 높이기 위해서는 3가지가 필요하다고 한다.

첫째는 숫자를 파악하는 것이다. 이 숫자가 무엇을 의미하는지 명확히 이해하는 단계이다.

둘째는 다양한 숫자 사이의 연관성을 파악하는 것이다.

셋째는 숫자로 목표를 설정하고 관리하는 것이다.

숫자를 통해 자신의 발전을 관리하고자 한다면 다음 여섯 단계를 거치게 된다.

① 현실을 수치로 표현한다.

② 목표를 수치화한다.

③ 현실과 목표 사이의 차이를 숫자로 파악한다.

④ 구체적인 해결 방법을 모색한다.

⑤ 목표 달성에 대한 의욕이 생긴다.

⑥ 목표를 달성하고 새로운 목표를 세운다.[3]

계산은 숫자를 다루는 능력이다. 숫자를 친근하게 대하고 자주 자유롭게 다룰 수 있어야 한다. 그리고 현상을 숫자로 표현하는 데에도 익숙해질 필요가 있다. 학교 때부터 수학이라면 진절머리가 난다는 사람이 있을 것이다. 하지만 굳이 수학을 잘해야만 숫자를 잘 다루는 것은 아니다. 숫자도 언어이다. 표현의 도구일 뿐이다. 어렵다거나 적성에 맞지 않는다고 선입견에 빠질 필요가 없다. 더구나 이 책에서 다루는 숫자는 1에서 10까지이다. 복잡한 연산도 요구하지 않는다. 그 정도

수고로 숫자의 힘을 내 것으로 만들 수 있다면 해볼 만하지 않을까?

계량적 사고
도전 실패기

계량적 사고의 신세계

'1 to 10을 이용한 계산적 삶'이라는 아이디어를 떠올리고 이 책의 집필을 계획하면서 의사결정에 밝은 경영 전문가와 잠시 이야기를 나누었다. 그는 내 아이디어가 '계량적 사고'와 맥락을 같이한다고 알려주었다. 몇 권의 책도 추천해주었다. 그중 흥미로운 책이 인천대 김창희 교수가 쓴 『계량적 사고와 의사결정과학』이었다.[4]

이 책을 읽으면서 우리는 이미 계량적 사고를 하고 있음을 알게 되었다. 이를테면 마트에서 같은 품목을 고를 때는 100g

당 가격을 고려한다. 각종 수치를 활용하고 함수를 활용함으로써 가장 효율적인 선택을 하게 하는 계량 경영학Operations Research의 세계는 매력적이었다.

엑셀 프로그램을 켜놓고 책에 나오는 수치를 입력해가며 계산을 해보았다. 다이어트를 할 때 어떤 음식을 먹으면 가장 만족도가 높으면서 열량을 낮출 수 있는지 등이 산출될 때는 뿌듯한 느낌이 들었다. 새롭고 유용하며 흥미로운 신세계를 경험한 것이다.

브라이언 크리스천과 톰 그리피스가 쓴 『알고리즘, 인생을 계산하다』도 탁월한 내용을 담고 있었다. 책 서두에는 이른바 '37%의 법칙'이 나온다. 우리가 이사할 집을 고를 때는 검토와 선택을 동시에 해나간다. 첫 번째 집을 둘러본 후 바로 결정할 수도 있고, 두 번째 집까지 본 후에 결정할 수도 있다. 세 번째, 네 번째 등 계속 늘려갈 수도 있다. 그런데 문제는 이 집이 무한정 나를 기다려주지 않는다는 것이다. 결정해야 할 적합한 시점이 있는데, 그것은 선택 대상의 37%를 검토했을 때라고 한다. 이것이 확률을 통해 제시되어 있다. 그 밖에 컴퓨터 알고리즘을 일상의 선택과 결정에 적용하는 여러 원리가 상세히 설명되었다.[5]

앞에 소개한 두 권의 책은 내 인식의 범위를 크게 넓혀준 수작이지만, 여기에 그 자세한 내용을 싣지는 않겠다. 너무 어렵기 때문이다. 솔직히 말해 내가 이 책들을 정확히 이해했는지조차 불분명하다.

더 쉽고 편리한 도구를 찾아서

나는 계량적 사고의 취지와 효과에 대해서는 깊이 공감하지만, 그 자세한 방법론을 다루는 것은 내 역량을 뛰어넘는 것이라 여긴다. 복잡한 함수와 수식, 논리적 연산을 동원해야 하는 의사결정 방법론을 권하고 싶지도 않다. 머리만 아플 수 있으니 말이다.

애초의 아이디어로 돌아올 수밖에 없는 형편이 되었다. 계량적 의사결정과 알고리즘 사고의 과학적이고 정교한 방법론을 적극적으로 활용하거나 소개하는 일은 과감하게 포기했다. 적어도 나에게는 득보다 실이 크다는 단순한 계산 결과를 따르기로 했다.

서점이나 도서관에서 책을 찾아보면 수많은 생각 도구들을 접할 수 있다. 그런데 많은 사람에게 폭넓게 사랑받는 것은 몇 안 된다. 생각의 흐름을 가지로 뻗어나면서 판단하는

'의사결정 트리'와 가로축과 세로축에 각각 항목을 넣어 4가지로 나누어 살피는 '2X2 매트릭스' 정도가 널리 사용된다.

그런데 '1 to 10' 방법은 미국 등 서구권에서 일상적으로 사용되는데도 전문적으로 소개된 일이 거의 없다. 그래서 이 방법론의 유용함을 알리는 게 나에게 주어진 역할이라 여기게 되었다.

열 개의 숫자를 통해 판단하고 분석하고 비교함으로써 합리적 결정을 이끄는 이 원리는 매우 단순하면서도 풍부하다. 그리고 의사결정 트리나 2X2 매트릭스 등과 결합하면 더욱 정교한 도구로 활용할 수 있다. 나는 일상생활부터 법률 서류 작성과 법정 소송에 이르기까지 이 방법을 다양하게 활용하여 효과를 톡톡히 보았다. 당신도 같은 유익을 누리기를 바란다.

단순하면서도 풍부한
1 to 10

1 to 10이란 무엇인가

'계량적 의사결정과학'과 '알고리즘 사고방식'에 대한 야심 찬 도전이 실패로 끝난 후 나는 애초 품었던 아이디어로 돌아왔다. 물론 이 도전이 의미가 없었던 건 아니다. 숫자를 이용하여 구체적으로 측정하고 논리적 계산을 통해 결론을 도출하는 방식의 유용함을 확인하고, 그 방법의 무궁무진함을 깨달았으니 말이다.

내가 말하는 '1 to 10'을 일상에서 한두 번씩은 접해보았을 것이다. 이 책 본문의 첫 절에서 당신의 행복을 1점부터 10점

척도로 측정하라는 질문도 나왔다. 나는 이 방식을 굉장히
즐겨 쓴다.

예를 들어 가족과 함께 차를 타고 이동하는 중이다. 내가
운전대를 잡고 있다. 그런데 아들이 소변이 급하다며 화장
실에 가고 싶다고 한다. 그런데 잠시 정차하기가 만만치 않
은 상황이다. 이때 나는 아이에게 묻는다. "급한 정도가 1에
서 10으로 나누면 어느 정도야?" 아이가 9나 10이라고 답하
면 굳이 화장실이 아니더라도 적당한 장소를 찾아 정차한다.
6~8 정도면 근처 화장실이 어딘지 파악한다. 5 이하라면 도
착할 때까지 기다리라고 말한다. 물론 시간이 지나면서 그 정
도가 바뀔 수는 있다.

추상적인 것을 객관화하기

'1 to 10'은 숫자로 환산하기 어려운 것들, 이를테면 행복이
나 만족감, 고통이나 우울함, 가치와 중요성 같은 주관적인 상
태를 파악하는 데 매우 효과적이다. 돈이나 체중 같은 원래
숫자로 표현되는 것들은 그 숫자로 관리할 수 있지만, 주관적
인 상태는 모호하게 표현되기 마련인데 이것을 객관적 기호
로 바꾸어 측정하고 관리하는 것이다.

그런데 이 단순한 방식이 내가 거창하게 내세운 목표, '행복을 가꾸는 이기적이며 계산적인 삶'에 도달하는 데 정말 유용하게 쓰일 수 있을지 의문이 들지도 모르겠다. 간단히 답하겠다. 나는 확신한다. 내 경험을 통해 검증했으며, 주변의 다양한 사람들에게 권유하여 "크게 효과를 보았다"는 피드백을 받았다. 표본이 너무 작고 주관적이지 않냐고 반문한다면, '1 to 10'으로 측정했기에 정확하다고 말하겠다. 일부러 '순환 논증의 오류'를 범해보았다.

1 to 10은 널리 폭넓게 쓰이며 그 효과를 의심하는 사람이 거의 없다. 비교와 판단, 선택, 의사결정, 커뮤니케이션, 목표 관리 등에서 효과적으로 사용된다. 너무 쉽고 단순하기에 다루는 사람이 없었을 뿐이다.

이 책에서는 '1 to 10'의 본래 사용법을 주로 다루겠지만, 열 개의 숫자를 다르게 이용하는 방법도 일부 알아볼 것이다. 이 또한 매우 쉽고 간단하며 일상에서 널리 쓰이는 잘 알려진 것들이다. 그런데 실상은 잘 활용하지 않고 그 가치를 잘 모르고 있다.

먼저 '1부터 10까지 세기'가 있다. 마음의 평정심을 찾을 때 주로 쓰이는 방법이다. 그리고 10을 기준으로 삼아 1을 더

하거나 빼는 식으로 상황을 판단하는 방법도 쓸 수 있다.

쉽고 단순하다고 무시하지 말라. 그 효과는 어마어마하다.

2장

계량하고 측정하고 분석하라

나를 계산하라,
자아 정체성 찾기

자신을 얼마나 아십니까?

"나는 내가 제일 잘 알아."

주변의 조언을 뿌리치고 비합리적인 선택을 고집하는 사람들이 즐겨 하는 말이다.

"내 병은 내가 잘 알아."

다른 사람에게도 증상이 뻔히 드러나는데도 병원 진료나 치료를 거부할 때 즐겨 쓰는 말이다.

자신을 잘 안다는 이들의 말은 사실일까? 안타깝게도 대부분 그렇지 않다. 아집으로 밀어붙인 일은 어긋나기 일쑤이며, 비전문가의 자기 진단과 치료는 병을 키우기 마련이다.

나를 안다는 것은 매우 어렵다. 이것은 고도의 지적 능력이다. 하버드대학 하워드 가드너 교수가 주창한 다중 지능 이론에서는 '자기 이해 지능Intrapersonal Intelligence'을 인간 지능의 중요한 한 영역으로 포함시키도 한다.

그렇다면 나를 안다는 것은 무엇인가? 학문적으로는 이를 '자아 정체성 파악'이라고 한다. 자기 자신에 대한 의식이나 관념을 자아라고 한다. 자아 정체성은 자신에 대한 체계적인 관념을 형성하는 것이다. 자신의 가치관, 이념, 장단점, 기질, 성격, 관심사, 취향 등을 통합적으로 이해할 수 있다면 자아 정체성이 확립되어 있다고 볼 수 있다.

성인들에게 자기 자신이 누구인지 말해보라고 하면 직업, 학벌, 소득과 재산, 커리어, 외모, 신체적 능력, 기술 등을 중심으로 말하곤 한다. 물론 이것도 중요하다. 자아가 구현해낸 구체적인 결과이며 실체이기 때문이다. 그러나 이것들로는 충분하지 않다. 외적 결과가 아닌 자신의 내면을 파악해야 한다.

자신을 구성하는 다양한 요소 중 외적인 부분, 그마저도 한두 가지에 치우쳐 자신을 규정한다면 열등감이나 우월감에 빠질 위험이 크다. 이것은 자아 정체성 확립과는 거리가 멀다. 자신을 정확히 바라볼 수 없기 때문이다. 그보다는 내가 무엇을 좋아하고 무엇을 원하는지, 나에게 무엇이 중요한지, 무엇이 자신을 기쁘게 하고 도전하게 하는지, 즉 무엇이 나를 움직이는 동기가 되는지를 잘 알고 이와 함께 무엇이 자신에게 스트레스를 주고 움츠러들게 하는지를 이해하는 것이 중요하다.

자기 객관화를 위한 1 to 10

자아 정체성 확립의 토대는 자기 객관화이다. 자신을 객관적으로 바라보며 자신이 누구인지, 어떤 감정을 가졌는지, 어떤 방향으로 가고 있는지, 행동의 이유가 무엇인지, 동기가 무엇인지를 바라본다. 그리고 있는 그대로의 자신을 인정하고 존중하는 것이다.

객관화의 효과적인 수단 중 하나가 숫자이다. 1 to 10을 자아 정체성 확립에도 활용할 수 있다. 자신에 대해 깊이 생각해보라. 먼저 내가 무엇을 원하는지, 어떨 때 가장 행복한지, 무엇이 내가 열정적으로 행동하게 만드는지 등 '나를 움직이는 힘'을 떠올려보자. 떠오르는 하나하나에 1부터 10까지 숫자를 매겨보자. 천천히 차분하게. 그러면서 내면의 동기에 접근할 수 있을 것이다. 나의 강점이 무엇인지에 대해서도 생각해보자. 각각에 대해서도 1에서 10 사이의 점수를 부여해보자. 이런 식으로 나의 기질, 성향, 관심사 등을 하나하나 파악해보자. 이 내용을 기록하면 더욱 효과적이다. 나에 대해 떠오르는 여러 이미지에 대해 점수를 매겨봄으로써 조금 더 객관적으로 접근할 수 있게 될 것이다.

나에 대한 객관적인 상을 만들어가는 또 하나의 방법은 다른 사람에게 물어보는 것이다. 나를 오랫동안 지켜 보아온 가족이나 친구에게 나의 가치관과 동기, 성격, 강점 등에 관해 질문하라. 이 과정에서 '나만 바라보는 나', '남이 바라보는 나', '나와 남이 함께 바라보는 나'를 입체적으로 파악할 수 있게 된다. 나에 대해 질문할 때는 1 to 10으로 대답하도록 요청하면 더 객관적인 답을 얻을 수 있다. 이를테면 "저의 성격 특징에 대해 말씀해주시되, 그 정도를 1에서 10 사이의 숫자로 표현해주세요"와 같이 말이다.

많은 현대인이 바쁜 일상에 묻혀 자신을 잃고 살아간다. 이러한 생활이 누적되면 자존감과 방향 감각을 잃고 혼돈과 무기력에 빠질 수 있다. 가끔이라도 자아 정체성을 돌아보는 시간을 가질 것을 권한다. 이때 1 to 10을 잘 활용하기 바란다.

니체의 조언이 떠오른다.

"자기 자신을 하찮은 사람으로 깎아내리지 마라. 그런 태도는
자신의 행동과 사고를 꽁꽁 옭아매게 한다. 무슨 일을 하더라
도 자기 자신을 사랑하는 것으로부터 시작하라."[6]

"자기 자신을 정확히 아는 것으로부터 시작하라. 스스로에게
거짓말을 하지 말고 성실해야 한다. 자신이 어떤 사람인지, 어
떤 습성을 갖고 있으며 어떤 반응을 보이는 사람인지 제대로
알아야 한다. 자신을 제대로 알지 못하면 사랑을 사랑으로 느
낄 수 없다. 사랑하기 위해, 사랑받기 위해, 스스로를 정확히
아는 것부터 시작하라. 자신조차 모르면서 상대를 알기란 불
가능한 일이다."[7]

감정을 계산하고
통제하기

감정적 VS 감성적

"제 남편은 굉장히 감정적으로 구는데, 감성은 바닥이에요."

클라이언트 한 사람과 대화하면서 들은 흥미로운 이야기이다. 어떤 상황인지 직관적으로 이해가 되면서도 무엇인가 앞뒤가 안 맞는 느낌이 들었다. '감정적感情的'과 '감성적感性的'은 서로 비슷한 단어일 텐데 말이다. 국어사전을 찾아보았다. '감정적'은 '마음이나 기분에 의한'을 말하고 '감성적'은 '감성이 예민하여 자극을 잘 받는'을 뜻한다.

곰곰이 생각해보니 둘의 차이가 뚜렷해졌다. '감정적'은 기분이나 마음의 상태가 행동으로 이어지는 상황이고 '감성적'은 감정과 느낌이 풍부한 상황이다. '감정적'은 '빠른 행동 반응'에, '감성적'은 '예민한 느낌'에 중점이 있다. 일상의 용례에서는 기분에 따라 사려 없이 행동하는 사람을 감정적이라 하고 다양한 상황에서 풍부한 감정을 느끼는 사람을 감성적이라고 표현하는 것 같다. 그래서 우리는 감정적인 사람보다는 감성적인 사람을 선호한다.

감정적인 사람은 아이러니하게도 자기감정을 파악하고 표현하는 데 서툴다. 그래서 감정을 바람직하게 표현하지 못하고 성급하게 분출한다. 기쁘고 흥겨운 감정에 휩싸이면 계획에 없던 불필요한 소비를 일삼는다. 방금 만났거나 다시 만날 일도 없는 사람에게 분에 넘치는 접대를 한다. 불쾌감을 느끼면 고성을 지르거나 욕설을 내뱉고 심지어는 폭력까지 휘두른다. 쓸쓸하거나 울적한 기분에 빠지면 중요한 일을 내팽개치고 밤새 술잔을 기울인다.

특정한 감정과 특정한 행동은 필연적인 인과관계가 없다. 물론 감정이 행동의 원인이 되기도 하지만 반드시 그래야 하는 것은 아니다. 기쁨이 무분별한 소비로, 분노가 폭력으로, 슬픔이 자포자기로 이어지는 것은 바람직하지 않다. 이것은 잘못된 감정 표출일 뿐이다.

감정을 읽고 표현하기

자기 자신에게 찾아온 감정의 정체를 파악하고 이를 바람직한 방식으로 표출하고 때에 따라 행동을 통제하는 훈련이 필요하다. 이때 '1 to 10'을 유용한 도구로 쓸 수 있다. 직장 동료가 잘못된 일 처리로 나에게 직접적인 피해를 준 상황을 예로 들어보자. 이때 불쾌하고 부정적인 감정에 휩싸일 것이다. 감정을 다스리지 못한다면 그 동료를 비난하거나 언성을 높여 싸우게 될 가능성이 크다. 그리고 그 행동은 내 감정의 당연한 결과라고 스스로 위로할 것이다. 어쩌면 이것이 자연스러울 수 있다. 하지만 문제 해결에는 도움이 되지 않는다.

먼저 잠시 멈추고 호흡을 가다듬자. 크게 호흡한 후 눈을 감고 1부터 10까지 세어보자. 자신이 느낀 불쾌감, 부정적인 감정이 무엇인지 따져보자. 잘못한 상대방에 대한 분노, 상황이 더 나빠질지 모른다는 불안함, 낮은 결과에 대한 수치심 등 다양한 감정이 있을 수 있다. 그리고 그 각각의 감정에 대해 1에서 10까지의 가중치를 매겨보자. 뜻밖에 클 수도 있고 정반대인 경우도 있다. 그리고 자신이 이러한 감정을 느끼고 있음을 있는 그대로 수용하자. '나는 7 정도의 분노, 4 정도의 불안, 2 정도의 수치심을 느끼고 있다'와 같은 식으로 말이다.

이제 이 감정을 해소할 방법을 생각해보자. 상대방에게 내 감정을 전달하고 싶다면 화를 내거나 비난하지 말고 솔직하게 말하자. 이때 '나'를 주어로 하는 'I-메시지'가 효과적이다. 상대방을 주어로 하는 'You-메시지'는 비난으로 흐르기 쉽다. 이런 정도의 메시지면 괜찮다. "나는 당신의 행동에 대해 크게 화가 났다. 또한, 이후 상황에 대해 불안을 느낀다. 앞으로 그러지 않기를 바란다. 문제 해결에 당신이 협력해준다면 분노와 불안이 한결 줄어들 것이다."

그리고 당신만의 방법을 이용해 부정적인 감정을 다스리며 해소하자. 기도, 명상, 음악 듣기, 노래하기, 달리기, 산책, 자전거 타기 등 사람마다 다양한 방법을 사용할 수 있을 것이다.

한 가지 유의할 점은 부정적인 감정뿐 아니라 기쁨, 행복감, 즐거움 등의 긍정적 감정도 잘 파악하고 다스려야 한다는 것이다. 우리가 흔히 놓치는 부분이다. 긍정적 감정이 적절히 통제되지 않는다면 경솔한 행동으로 이어져 나중에 후회에 빠질 수 있다. 부정적인 감정을 계산하는 것과 같은 방법을 통해 적절한 감정 표현을 하면 된다.

자기감정을 잘 알고 표현할 줄 아는 사람, 즉 감정을 계산할 줄 아는 사람은 타인의 감정을 헤아리는 데 능숙해진다. 이른바 '감성 지능'이 높아지는 것이다. 살면서 부대끼는 사람들의 감정을 파악해보려고 노력하자. 그가 어떤 감정을 어느 정도로 느낄지 1 to 10을 이용하여 알아차리는 훈련을 해보자.

자기감정과 타인의 감정을 계산하는 훈련을 하고 여기에 익숙해지면 어느새 '감정적'으로 행동하지 않고 '감성적'인 매력을 지닌 사람으로 자라나 있을 것이다.

상황을
계산하기

인생은 상황의 연속

미국에서 장기 방영하며 인기를 끈 대표적 드라마로 〈Law and Order〉 시리즈가 있다. 주인공인 형사와 검사들은 에피소드마다 새로운 사건을 접하고 역량과 노력을 쏟아부어 이를 해결해나간다. 범인을 체포하여 법정에 세운다. 의료 드라마인 〈닥터 하우스〉도 이와 비슷한 구성이다. 에피소드별로 무슨 병을 앓는지 모르는 환자가 등장하고 주인공 닥터 하우스는 갖가지 방법을 동원해 이를 진단하고 치료법을 찾는다. 두 TV 시리즈의 공통점은 주인공이 곤란한 상황을 만나고 이를 해결해가는 것이다. 이른바 '과제 해결형'이다. 한국에서도 이런 포맷을 지닌 드라마가 사람들을 TV 앞으로 불러들인다. 넷플릭스에서 전 세계적으로 히트한 〈오징어게임〉 역시 주인공이 모두 6가지의 게임 상황을 헤쳐나가는 과정을 담고 있다.

매번 어떤 상황에 부닥치고 이것을 풀어나가는, 어찌 보면 진부한 형식의 드라마가 오래토록 대중의 사랑을 받는 이유는 무엇일까? 나는 그것이 실제 삶과 닮았기 때문이라고 생각한다. 인생은 다양한 상황에 부닥치고 그것을 해결해가는 과정의 연속인 것 같다.

우리는 늘 새로운 상황을 만난다. 이를 감성으로 느끼고 구체적인 행동을 통해 풀어나간다. 그런데 상황을 잘못 판단하거나 감정적으로 반응함으로써 잘못된 행동을 하기도 한다. 상황을 계산하지 않고 직관적으로 받아들일 때 오판의 가능성이 커진다. 직관은 경험과 지적 역량이 포함된 고도의 능력이지만 그것으로 충분하지 않을 때가 많다.

우리는 흔히 상황을 과장한다. 실제보다 훨씬 더 긍정적이거나 부정적으로 본다. 심리적 영향을 크게 받기 때문이다. 그래서 '설득을 업으로 삼은 사람들(여기에는 사기꾼도 포함된다)'

은 심리 기제를 동원해 우리가 상황을 오판하도록 조작하기도 한다. 다음 인용문을 보자.

사랑하는 엄마, 아빠에게
집을 떠나 학교에 온 후로 자주 연락드리지 못해 죄송합니다. 그래서 그동안 밀린 이야기들을 오늘 편지에 상세하게 들려드리겠습니다. 그런데 이 편지를 읽으시기 전에 반드시 편안한 자세로 앉으세요. 아셨죠? 반드시 앉아서 읽으셔야 합니다.
자, 그럼 시작할까요? 저는 지금 모든 것이 편안합니다. 기숙사에 입주하자마자 불이 나서 창문에서 뛰어내리다가 골절상과 뇌진탕의 부상을 입었지만, 이제는 거의 다 나아 괜찮습니다. 병원에는 단지 2주일 동안 입원해 있었어요. 이제는 하루에 한 차례씩 두통에 시달리는 것 말고는 모든 것이 정상입니다. 다행히 저의 기숙사에 불이 난 것과 제가 불을 피해 창문에서 뛰어내린 것을 기숙사 근처의 주유소 직원이 목격하고 저를 위해 증언을 해주어서 별문제는 없었습니다. 그 사람은 화재를 발견하고 소방서에 연락했을 뿐 아니라 구급차를 불러주는 친절까지 베풀었답니다.
더군다나 그는 병원에 입원해 있는 저를 위문차 찾아와서 기숙사가 불이 나서 갈 데가 없다면 그의 아파트에서 함께 지내도 좋다고 저를 초대하는 호의까지 보여주었습니다. 사실 그의 아파트라는 것이 지하실의 단칸방에 불과했지만 그리 나쁜 것만도 아니었어요. 그는 매우 훌륭한 청년이어서 우리는 금방 서로 사랑에 빠졌고 장래를 약속했답니다. 아직 구체적인 결혼 날짜를 잡은 것은 아니지만 조금 있으면 제 배가 더욱 불러져서 보기 싫어지기 전에 결혼식을 올릴 예정입니다.

놀라셨죠? 그래요. 저는 임신을 했답니다. 저희가 아직 결혼 날짜를 정하지 못한 것은 뭐, 대단한 것은 아니지만, 그의 질병이 아직 완치되지 못했고 저도 그 병에 전염되었기 때문이에요. 그이는 비록 고등학교밖에 졸업하지 못했고, 우리와 인종과 종교가 다르기는 하지만 부모님의 하해 같은 이해심을 생각하면 그리 큰 문제는 아니라고 생각합니다.

하하! 엄마, 아빠 이제 정말로 제 근황을 말씀드릴게요. 사실은 기숙사에 불이 난 적도 없으며 골절상과 뇌진탕으로 입원한 적도 없어요. 게다가 남자 친구도 없고 동거한 적도 없으며, 따라서 임신도 하지 않았지요. 물론, 병에 걸리지도 않았고요. 그런데 문제는 제가 미국사 과목에서 D 학점을, 그리고 화학에서는 F 학점을 받았다는 거죠. 매우 유감스러운 성적이지만 제가 건강히 학교를 잘 다니고 있으니 별걱정은 하지 마세요.

엄마, 아빠를 사랑하는 샤론 드림.[8]

매우 재치 있고 흥미로운 편지이다. 이 글은 우리가 상황을 받아들일 때 객관적이기보다는 심리적 환경에 큰 영향을 받음을 여실히 드러낸다. 사랑하는 딸이 몇몇 과목에서 낙제점을 받은 것은 매우 심각한 상황일 수도 있지만, 전혀 그렇지 않을 수도 있다.

관건은 다른 사람들에게 심리 조작을 당해 상황을 오판하지 않고 자신이 상황 파악의 주도권을 갖는 것이다.

문제보다 해결에 집중하라

특정한 상황에 처했다면 감정에 휘둘리지 않도록 스스로 제어하자. 이것이 어떤 상황인지, 기회인지 위기인지 파악하려고 하자. 때로는 기쁜 소식 속에 심각한 위기가 숨기도 하며, 바라지 않던 일 속에 뜻밖의 기회가 내재하기도 한다. 위기와 기회의 크기를 1에서 10 사이의 숫자로 측정하면 더 효과적이다. 그리고 담담히 상황을 있는 그대로 받아들이자. 위의 편지를 예로 들면 딸이 미국사 과목에서 D 학점을, 화학에서는 F 학점을 받은 것이다. 낙제의 가능성이 조금 더 커졌다. 딸은 여전히 밝고 건강하고 위트가 넘친다. 그뿐이다.

그런데 상황을 규정하고 계산하는 것은 사실 크게 의미가 없을 수도 있다. 이것은 그다음 과정을 위한 예비 단계이기 때문이다. 다음 단계는 문제 해결이다. 상황 파악보다는 문제 해결에 초점을 맞추어야 한다. 큰 조직에서는 이미 벌어진 문제와 상황을 철저히 분석하고 이를 통해 교훈을 얻으며 매뉴얼을 보강한다. 하지만 개인 차원의 일상사에서는 이것이 크게 의미 없을 수도 있다. 상황의 인과관계를 따지는 동안 다른 사람을 비난하거나 자책하며 심리적 상처를 입는 경우도 있기 때문이다.

핵심은 문제 해결에 집중하는 것이다. 긍정적 상황이라면 기뻐서 들뜨는 마음을 가라앉히고 이 기회를 이어나갈 방안을 찾아야 한다. 부정적 상황이라면 슬픔이나 절망감을 제어하면서 위기를 해소할 방법을 찾아야 한다.

떠오르는 방법을 하나하나 따져보며 그 효과에 대해 1에서 10 사이의 점수를 매겨보자. 늘 하던 관성을 따르지 말고 차분히 대안을 나열하며 타당성을 찾아보자. 내가 할 수 있는 일, 다른 사람의 도움을 받아야 하는 일 등을 구분하며 행동에 옮기자.

측정과 계산, 이에 따른 실천을 통해 우리는 상황에 질식되지 않고 이를 잘 헤쳐나가며 성장할 수 있다.

좋은 사람을 넘어
위대한 사람으로

똑똑하고 열심히 사는 한국인

평균적인 한국인은 평균적인 미국인보다 더 똑똑하다. 더 부지런하며 더 선량하다. 그리고 더 열정적이다. 20년 넘는 미국 생활을 하며 관찰하고 내린 결론이다. 개인적 판단이지만, 이 사실을 누구도 부인하기도 힘들 것이다. 한국은 일제 강점과 전쟁으로 피폐해진 땅에서 딛고 일어서 민주화와 산업화를 동시에 이루었다. 세계사에 유례가 없는 독보적인 일이다. 세계 10위권의 경제력을 지니게 되었으며 찬란한 문화의 힘으로 전 세계인의 주목을 받고 있다. 이 과정에서 한국인의 저력이 발휘되었다.

2012년 가수 싸이psy가 「강남 스타일」로 세계 대중음악계를 휩쓸 때 이것을 특이하고 일시적인 현상으로 치부하는 의견도 적지 않았다. 'Made in Korea'를 얕보았던 탓이다. 그러나 이런 편견을 비웃듯 이내 한류는 현실이 되었다. BTS가 미국의 빌보드Billboard, 영국의 더 오피셜 차트The Official Chart, 일본의 오리곤 차트Oricon Chart 등을 석권하며 세계 정상에 오르더니, 이제는 블랙핑크가 그 지위를 이어받으려 하고 있다. 또한, 넷플릭스 시리즈 〈오징어게임〉, 영화 〈기생충〉과 〈미나리〉 등은 한국 영상 콘텐츠가 최고 수준에 도달했음을 만방에 보여주었다.

한국은 세계에서 가장 안전한 나라이다. 2016~2018년 세계치안순위Crime Index for Country 1위를 기록했다. 이후 순위가 낮아지긴 했지만, 조사 방법 변화와 코로나19라는 특수 상황에 의한 것으로 그 본질이 바뀌지 않았다고 본다. 도서관이나 카페에서 자리에 가방이나 노트북 컴퓨터를 그대로 두고 화장실에 다녀올 수 있는 곳, 심야에 도심 거리를 큰 두려움 없이 자유롭게 활보할 수 있는 곳이 한국이다.

짧은 근대화 과정, 분단 상황, 좁은 국토, 많지 않은 인구,

부족한 천연자원 등 불리한 여건 속에서 한국인이 이루어낸 성취는 전 세계인의 부러움을 사기에 부족함이 없다. 개발도상국뿐만 아니라 선진국 사람들도 한국을 방문하고 한국에서 살고 싶어 한다. 내가 근무하는 대학에서 젊은 학생들을 만나서 대화해보면 과거 젊은이들같이 선진국을 동경하는 모습은 찾기 힘들다. 북미나 유럽에 가는 것을 일생일대의 기회로 여기지 않는 분위기다.

그렇지만 뭔가 허전하다. 세계에서 가장 똑똑한 사람들이 더없이 부지런하게 그리고 열정을 불사르며 일하는데, "우리가 세계 최고다.", "우리는 세상에서 가장 행복한 나라에 산다"라고 말하기에는 부족함이 느껴진다. 한국은 경제, 산업, 금융 등에서 핵심 분야를 장악하지 못했다. 경제위기가 오면 여전히 휘청거리며 불안한 모습을 보인다. 제조업과 ICT 분야의 첨단 기술을 자랑하지만, 원천 기술의 높은 영역에는 아직 도달하지 못하고 있다. 정치, 행정, 법치 등 국가 운영 시스템에 대한 국민 신뢰가 그리 높지 않다. 심각한 불공정과 불평등을 호소하는 사람이 적지 않다. 한국의 자살률은 OECD 1위이다. 평균보다 두 배나 높다. 한국인은 그리 행복하지 못하다. 유엔UN 지속가능발전해법네트워크SDSN의 「2022 세계 행복 보고서」에 따르면 한국의 행복 지수는 OECD 38개 회원국 중 36위이다. 말하자면 지금 한국의 성취는 무언가 부족한 부분이 있다.

조금만 더 계산적이라면

이 부족한 부분은 무엇으로부터 비롯되었을까? 기술이나 공학 분야에서는 '축적의 빈곤'이 이유로 꼽힌다. 고도 기술 영역은 오랜 시간과 투자가 '축적'되어야 한다. 한국은 단시간 집중적으로 성취를 이루었지만, 축적에 필요한 충분한 시간을 갖지 못했다는 것이다. 서울대 공대 교수들이 공저한『축적의 시간』은 여기에 대해 상세히 설명한다. 정치, 경제, 행정, 사법 등 국가 시스템에도 여러 허점이 지적된다. 지금 이 책에서 이런 사항들을 더 다루는 것은 적절하지 않기에 줄이겠다.

다만, 나는 다른 사람들이 거론하지 않았던 다른 부분에 주목하였다. 이는 한국인 특유의 사고방식과 생활문화의 영역에 속한다. 이것은 똑똑하고 유능하며 부지런하고 선량한 개개인이 자신의 잠재력을 충분히 발휘하지 못하게 발목을 잡는다. 때로는 바람직한 판단과 선택을 방해하며 근거 없는 두려움과 우울함, 절망에 빠뜨리곤 한다. 상황을 잘못 보게

하고 최악의 선택을 하게끔 이끈다.

이것은 '숫자의 기피'이다. 한국인은 숫자를 금융과 회계, 엔지니어링 등 몇몇 영역에 한정한다. 그 외에 부분에 숫자가 개입하면 비인간적이라 치부하는 경향이 있다. 내가 관찰하기로는 한국인은 숫자에 서툴다. 수학을 못 한다는 뜻이 아니다. 계량하고 측정하고 계산하는 것을 싫어한다. 여기에 익숙하지 않으며 훈련되지 않았다. 자기 관점에서 자기 이익을 계산하는 것을 소인배나 하는 짓이라 여기기도 한다. 그 결과 비합리성으로 쏠리기도 한다. 평균적인 미국인보다 개인 역량이 더 뛰어난 평균적인 한국인이 오히려 더 낮은 생산성을 보이는 중요한 요인 중 하나가 '비계산적 성향'이라고 본다.

물론 오랜 역사를 거쳐 사회적으로 형성된 사고방식과 터부, 관행을 쉽사리 뜯어고칠 수는 없다. 개인의 차원에서도 성향과 습관을 단번에 바꿀 수 없다. 그래서 아주 작은 제안을 하고자 한다. 이것은 매우 쉽고 보잘것없어 보이는 테크닉이다. 내가 이 내용을 출판하자고 제안했을 때, 출판사 사장님은 "그게 책 한 권이 될까요?"라며 곤혹스러운 표정을 지었다. 내 제안은 1부터 10까지 10개의 숫자를 가지고 일상에서 계량하고 측정하고 계산하자는 것이다. 그리고 이를 바탕으로 판단하고 선택하자는 것이다.

짐 콜린스의 『좋은 기업을 넘어 위대한 기업으로Good to Great』는 제목 자체로 수많은 경영자에게 도전정신을 심어주었다. '지금도 좋지만, 이대로 머물러서는 안 된다. 위대함의 경지로 도약해야 한다'는 비전이다.

이것은 개인에게도 적용된다. 이 책을 읽고 있는 당신은 아마도 '좋은' 사람일 것이다. 똑똑하고 선량하고 성실하며 열정에 불타고 있을 것이다. 그러나 이것으로는 부족하다. 당신은 위대한 사람이 되어야 한다. 그러려면 한 가지를 보완해야 한다. 이 책의 제목에 조금이라도 이끌렸다면, 당신은 계산적이지 못하며 숫자에 약할 것이다. 이제 시작하자. 10개의 숫자를 활용하는 간단한 방법으로 말이다. 그것이 좋은 당신이 위대한 사람으로 나아가는 첫 계단이 되리라 믿는다.

계산,
인간 존재의 본성

인간 신체의 산물

이 책을 쓰기 위해 평소와는 다른 분야의 독서를 많이 해야 했다. 그중에서 가장 흥미로운 경험은 일본의 독립 연구자 모리타 마사오의 저작들이었다. 『수학하는 신체』, 『수학의 선물』, 『계산하는 생명』은 인간 존재의 본질을 '계산'과 관련지어 파고든다. 특히 인간 두뇌에 가까이 간 현대 인공지능을 살핌으로써 인간의 본질을 재구성해내려 시도한다. 그는 발전된 인공지능이 이진법과 연산으로 인간의 사고나 감정 수준에 도달할 수 있다는 전제가 옳다면 인간의 마음을 수數로써 표현하는 것 역시 가능하다고 본다.

모리타 마사오에 따르면 계산은 인간의 신체로부터 비롯되었다. 손가락을 접고 펴며 수를 세는 행위가 고도화된 수학의 출발점이 되었다. 이렇듯 인간 신체에서 시작된 계산 능력은 발전을 거듭한 끝에 인공지능이라는 새로운 신체를 창조하기에 이르렀다. 결론적으로 말하자면 계산은 정서와 감정을 포함한 인간 존재를 구현할 수 있는 인간 사고력의 본질이라는 것이다.

모리타 마사오는 자신의 책들에서 인간이 계산 능력을 발전시키며 진화해온 역사를 추적한다. 그 과정을 유심히 보면 인류의 발전사는 계산의 발전사임을 깨달을 수 있다.

이와 함께 중요한 통찰에 도달하게 된다. 숫자니 계산이니 수학이니 하는 것들이 특별한 사람들에 의해, 특별한 영역에서 존재하는 것이 아니라는 점이다. 이것들은 보통 사람들의 일상에 존재하며 감정과 아름다움의 세계로 이끈다. 중국의 율시(律詩), 일본의 하이쿠, 한국의 시조 등 시詩의 세계는 수학 규칙을 따른다. 음악은 어떤가? 피아노의 건반은 피보나치 수열을 기초로 만들어졌다고 한다. 아름다운 음악이야말로 정교한 계산의 산물이다. 또한, 회화나 조각과 같은 미술에서도 수학적 원리가 아름다움을 구현하고 있음도 잘 알려진 사실이다. 숫자나 계산과는 전혀 관련이 없어 보이는 인간 감성의 영역 역시 숫자로 표현되고 계산에 이끌리는 것은 부인할 수 없는 현실이다.

원시인의 계산법에서 출발

숫자와 계산, 그리고 수학이 인류 문명과 기술의 견인차임을 인정하면서도 그것이 나의 삶과는 무관하다고 여기는 사람들이 많다. 이른바 '수포자'나 '문돌이'는 수학 바깥의 세상에서 살 수밖에 없다고 생각한다. 수학 때문에 악몽 같은 학창 시절을 보내고 입시에 불이익을 겪은 후 고생 끝에 지긋지긋한 숫자를 보지 않아도 되는 영역에 살게 되었는데, 다시 숫자로 돌아가야 한다는 것이 불쾌하게 느껴지는 사람이 있을지도 모른다.

계산이 인간 사고력의 본질이므로, 수학이 현대 기술 문명의 토대이므로, 모두가 수학 공부를 열심히 해야 한다는 주장을 하고 싶지는 않다. 오히려 강요된 수학 공부야말로 사람을 숫자와 계산에서 멀어지게 만드는 역할을 하기 때문이다. 중요한 것은 숫자와 계산이 내 삶, 즉 일상생활과 정서의 영역에서까지 중요하게 존재함을 인정하고 받아들이는 것이다. 이런 수용이 삶의 태도를 바꿀 것이다.

모리타 마사오는 인간 신체에서 비롯된 가장 원초적 계산이 손가락을 접고 펴며 1부터 10까지 세고 표현하는 일종의 기수법記數法이라고 한다. 어린아이들은 이렇게 숫자를 익힌다. 공교롭게도 이 책에서 말하는 '1 to 10'과 닮았다. 계산하는 존재의 본성을 발휘하는 데는 대단한 수학적 능력이 요구되지 않는다.

원시 인류가 했듯, 어린아이가 하듯 내 삶의 영역을 10개의 숫자로 표현해보자. 당신이 복잡한 논리와 연산으로 가득 찬 일을 하고 있든, 종일 숫자라고는 하나도 마주치지 않는 직업을 가졌든 마찬가지다. 당신에게는 숫자로 표현하거나 숫자에 대입하지 않던 삶의 영역이 있을 것이다. 그것을 숫자로 표현하자. 1부터 10까지 세는 가장 원시적 계산법만 할 수 있다면 우리 생활이 더욱 풍요로워진다. 인간의 신체와 삶은 본질적으로 숫자와 떼려야 뗄 수 없는 깊은 연관을 맺고 있기 때문이다.

3장

열 개의 숫자가 만드는 마법

낯설게 보기

익숙함을 벗어나기

자전거 하이킹을 즐기는 선배가 있다. 그는 자전거와 사랑에 빠진 듯 보인다. 2시간씩 페달을 밟아 출근이나 퇴근을 할 때도 있으며, 주말에는 멋진 코스를 찾아다니며 종일 하이킹을 한다. 그에게 자전거로 달리면 무엇이 좋으냐고 물은 적이 있다. 선배는 여러 가지 장점을 이야기해주었는데, 그중 하나가 매우 인상 깊게 들렸다.

"세상이 다르게 보여. 늘 다니는 익숙한 길이라도 승용차에서 차창 밖을 보는 것, 천천히 걸으며 주변을 살피는 것, 뛸 때

시야에 들어오는 것, 자전거로 달리며 보는 것이 다 달라. 높이와 속도의 차이가 다른 세상을 만들어내. 나는 자전거 안장에서 보는 세상이 너무나 아름다워."

광고 회사에서는 직원들이 출퇴근할 때 교통수단을 자주 바꾸라고 권한다고 들었다. 그리고 출퇴근 경로도 자주 바꾸라고 한단다. 예를 들어 승용차로 가장 빠른 길을 이용하지만 말고, 어떤 때는 버스를, 어느 때는 지하철을 이용하되, 오가는 길도 오늘은 빠른 길, 내일은 우회로 같은 식으로 바꾸라는 것이다. 더 다양한 세상을 접하기 위해서이다.

익숙함이 주는 착각

같은 사물도 다양한 시각에서 낯설게 보는 것은 우리에게 큰 유용함을 준다. 같은 시각만 고집하면 주관성의 함정에 빠질 수 있다. 사회심리학자들은 보통의 현대인들은 세 가지 착각에 빠져 있다고 한다.

나의 운전 실력은 평균 이상이다.
나의 유머 감각은 평균 이상이다.
직장에서의 실력으로 봤을 때 나는 회사에서 상위권에 속한다.

이 세 가지 질문에 '그렇다'와 '아니다'라고 답하라고 했을 때 그렇다고 답하는 사람이 압도적으로 많다고 한다. 평균이 기준이므로 '그렇다'와 '아니다'의 분포는 서로 비슷해야 합리적인데, 자신에 대한 평가가 매우 후한 것이다. 자신에 대해서 긍정적이고 우호적인 관점을 적용하기 때문이라고 한다. 고시와 같은 어려운 시험에 합격할 가능성, 주식 투자에서 좋은 종목을 골라 성공할 확률 등도 실제보다 훨씬 높게 예측하는 게 사람의 심리이다.[9]

숫자로 착각 깨기

이러한 긍정적 착각과 지나친 낙관은 쉽게 극복할 수 없다. 인간에 내재된 본성이기 때문이다. 하지만 구체적 수치를 적용하면 좀 다르다. 위 세 질문에 1점부터 10점까지의 척도로 답하라고 했을 때는 결과가 많이 달라진다고 한다. 숫자를 적용하는 순간 객관성이 일부 발휘되기 때문이다.

본문 첫 절에서 던졌던 질문을 기억하는가?

당신은 지금 얼마나 행복한가?

당신의 신체는 얼마나 건강한가?

당신은 얼마나 부유한가?

당신의 인간관계는 어떤가?

당신은 지금 당신의 일에 얼마나 만족하는가?

이 질문들에 대해 1점(최악)에서 10점(최악) 척도로 대답해
보자. 이것이 낯설게 느껴질 것이다. 평소에 해보지 않은 일이
기 때문이다. 행복에 숫자를 적용하는 게 마땅찮을 수도 있
다. 그래도 한번 해보자. 적어도 당신의 깊은 곳을 들여다보며
낯설게 생각하는 것을 경험할 수 있게 될 것이다.

모든 것을 당연하게 받아들이지 말고 가끔은 자신을 향해
엉뚱한 질문을 던져보자. 아침에 일어나 출근하기가 싫을 때
면 "얼마나 출근하기 싫은가? 빨리 직장으로 가서 즐거움을
만끽하고 싶다, 1점, 차라리 죽는 게 낫겠다, 10점." 이런 식이
다. 1~5점은 나오지 않을 것이고, 6~10점이 나올 것이다.

다음으로 왜 출근하기 싫은지 이유를 생각해보자. 여러 가
지가 떠오르면 그중 결정적인 문제를 찾아보자. 그리고 그 문
제가 해결되면 출근이 얼마나 즐거워질지를 1점에서 10점 척
도로 답해보자.

이런 엉뚱한 자문자답을 통해 당신은 자신에 대해, 그리고 당신의 직장에 대해 새로운 것을 발견하게 될 것이다. 그리고 당신의 일에 얽힌 문제들을 어떻게 풀어나갈지 그 해답에 접근할지도 모른다.

우선순위를
잊었을 때

무엇이 가장 중요한가?

몇 년 전, 한국에서 변호사로 일하는 친구 때문에 분통이
터진 일이 있다. 그 당시 그의 생활방식이 몹시 마음에 들지
않고 안타까웠기 때문이다. 그 무렵 한국에서는 민감한 정치
적 이슈가 벌어졌다. 이에 대한 찬반 입장이 갈려서 소셜네트
워크가 뜨거워졌고, 자신들의 의견을 피력하는 거리 집회가
열리기도 했다.

이 친구도 하나의 입장을 선택했다. 물론 누구나 사회·정
치적 의견을 가질 수 있으며 그것을 표현하는 것은 자유이다.

그런데 그 정도가 심해서 자신의 삶을 파괴할 정도가 되면 안 된다고 본다. 이 친구가 그런 사례에 속했다.

그는 미국 로스쿨에 진학해서 국제 변호사 자격증을 따겠다는 커리어 플랜을 세우고 있었다. 그러려면 몇 개월 뒤에 치러질 토플 시험에서 필요한 점수를 얻어야 했다. 남은 시간을 고려해 볼 때 하루에 두어 시간이라도 투자하여 공부하면 충분히 가능한 정도였다. 그런데 그는 토플 마무리 공부에 하루 10분도 할애하지 못했다. 정치적 이슈에 매몰되었기 때문이다.

매일 자신의 소셜네트워크 계정에 의견을 쓰고, 같은 뜻을 가진 사람들과 온라인과 오프라인에서 토론을 벌이고 여러 집회에 참여하느라 눈코 뜰 새 없이 바쁜 나날을 보냈다. 그 이슈가 해결되는 것이 자기 삶에 직접적인 영향을 끼치지도 않는데도 말이다.

나는 전화 통화를 통해 여러 차례 충고했지만, 좀처럼 먹혀들지 않았다. 본인도 뭔가 잘못되었다는 것을 인식하면서도 자연스럽게 몸이 그쪽으로 향하는 것을 어쩔 수 없다고 했다. 정말 안타까운 노릇이었다.

그 뜨겁던 사안은 장기 국면으로 들어갔다. 찬반을 둘러싼

열풍도 수그러들었다. 양쪽에서 치열하게 다투던 사람들도 언제 그랬냐는 듯 일상으로 돌아갔다. 그는 결국 토플 시험을 보지 못했다. 차일피일 미루다 때를 놓쳤다. 이어서 코로나19 팬데믹이 미국을 비롯한 전 세계를 덮쳤고, 로스쿨 진학 계획은 기약할 수 없이 미루어졌다.

1 to 10으로 우선순위 관리하기

내 친구는 우선순위 관리에 실패했다. 그가 내 조언을 따라 잠시 번잡하고 뜨거운 마음을 가다듬고 1 to 10으로 우선순위 파악을 해보았으면 좋았을 터이다.

당신이 지금 시간과 열정을 쏟는 일은 당신의 행복을 위해서 얼마나 중요한가?

(아무런 상관없다. 1점. 결정적이다. 10점)

스스로 이 질문을 던져서 그 답에 따라 시간을 배분했어야 한다. 그런데 기계적으로 10점은 100%, 9점은 90% 등으로 시간을 안배하면 효과적이지 않다.

8점 이상은 100%, 5~7점이라면 20~50%, 그 이하는 아예 시간을 배분하지 않는 방식이라야 한다. 중요한 일에 우선순위를 두고 그곳에 집중하는 편이 낫다.

내 친구의 경우 토플 시험 준비에 여유 시간의 100%를 쓰고 정치 사안에는 시간을 아예 배분하지 않았어야 옳다. 그 사안이 그의 행복에 미치는 영향력은 5 이하였으니 말이다.

기업들은 업무 우선순위를 정하는 2X2 매트릭스를 가지고 있다. 가로축은 부가가치이고 세로축은 긴급도이다. 그러면 왼쪽 위는 긴급하지만 부가가치가 낮은 일, 왼쪽 아래는 긴급하지도 않고 부가가치도 낮은 일, 오른쪽 위는 긴급하면서도 부가가치도 높은 일, 오른쪽 아래는 긴급하지는 않지만 부가가치가 높은 일이 놓인다.

이때 선택은 단순하다. 긴급하면서도 부가가치가 높은 일을 최우선으로 챙긴다. 다음 순서는 긴급하지 않지만 부가가치가 높은 일이다. 긴급하지만 부가가치가 낮은 일은 아웃소싱과 같은 시스템을 만들어 처리한다. 그리고 긴급하지도 않고 부가가치도 낮은 일은 그냥 폐기한다.

이 매트릭스는 매우 선명한 판단 기준을 제공하지만, 개인에 그대로 적용하는 건 효과적이지 않다고 본다. 부가가치라는 객관적 영역이 존재하지 않기 때문이다. 그리고 긴급한 일

긴급하지만 부가가치가 낮은 일	긴급하면서도 부가가치가 높은 일
긴급하지도 않고 부가가치도 낮은 일	긴급하지 않지만 부가가치가 높은 일

을 대신 맡아줄 사람도 없다. 긴급한 일은 자연스럽게 처리하게 되어 있다.

그래서 "당신이 지금 시간과 열정을 쏟는 일은 당신의 행복을 위해서 얼마나 중요한가?"라는 하나의 질문을 던지고 이에 대해 깊이 생각하고 답하는 게 바람직하다. 지금 이 질문에 답해보자. 당신이 지금 여러 가지 일에 매달려 있다면, 그 하나하나에 이 질문을 적용해보자. 모든 것을 쏟아야 할 일과 멈추어야 할 일을 구분할 수 있을 것이다.

의견이
힘을 얻을 때

다른 사람의 생각을 파악하기

지인 중에 서울에서 소규모의 디자인 회사를 운영하는 사람이 있다. 사무실은 아담하고 깔끔한 4층 건물 3층이었다. 그는 자신의 사무실이 꽤 마음에 들었다. 주 고객사와 가깝고 교통이 편해서 입지가 좋았으며 임대료도 싼 편이었다. 건물도 쾌적했다.

그런데 직원들 사이에서 사무실 환경에 대한 불만의 목소리가 조금씩 들리기 시작했다. 이유는 1층에 있는 식당 때문이었다. 새롭게 생선 요리를 메뉴에 포함했는데, 조리하는 냄새가 위층으로 스멀스멀 올라와 불쾌하다고 했다.

디자인 회사 사장은 만성 비염이 있어서 냄새를 거의 맡지 못했다. 자신이 판단해서 해결하기 어려운 문제였다. 그는 1층 식당으로 찾아갔다. 알아보니 새롭게 내놓은 생선 요리는 반응이 좋아서 대표 메뉴로 삼을 계획이라고 했다. 불행히도 1층 식당은 건물주의 친동생이 운영한다. 계약 기간이 지나 이사를 할 가능성이 아예 없다.

그는 건물주와 의논하여 사무실의 환기를 위한 공기 청정 시스템을 도입하는 방법을 생각했다. 자신도 기꺼이 비용을 부담할 작정이었다. 그러다가 문득 옛일을 하나 떠올렸다.

몇 년 전쯤 그의 집은 층간 소음 문제로 골머리를 앓았다. 아파트 위층에서 아이들이 쿵쿵거리며 뛰어다니는 바람에 신경이 많이 쓰였다. 무던한 성격의 그는 심각할 정도로 받아들이지 않았는데, 예민한 그의 아내가 자주 짜증을 내었다. 위층에 올라가 간곡히 부탁도 해보았지만, 한창 커가는 아이들이 말을 잘 들을 리 없었다. 그는 나에게 어떻게 하면 좋을지 물었다.

나는 그에게 조언했다. "사모님에게 층간 소음이 얼마나 성가시고 괴로운지를 1 to 10으로 여쭤보시고 정확한 상황부터 파악해보세요." 내 조언에 따라 그는 아내에게 물었다. "층간 소음이 아무렇지도 않다가 1점이고 지금 당장 이사를 해야 할 정도가 10점이라고 할 때 지금 어느 단계야?" 아내는 "한 6점 정도…"라고 대답했다. 생각보다 심각한 정도는 아니었다. 당분간 참고 지내기로 결정했다. 1년도 채 지나지 않아 시끄럽던 위층은 이사를 떠났고 그의 집은 다시 평정을 되찾았다. 그는 그때 성급한 판단을 내리지 않은 게 다행이라고 여겼다.

이때의 일을 떠올린 디자인 회사 사장은 열 명 가까운 직원들을 모두 모이게 해서 회의를 했다. 사무실 냄새 문제가 안건이었지만, 어떻게 할지 의견을 묻지 않았다. 자신은 심각한 정도를 느끼지 못한다고 털어놓은 뒤 자신의 질문에 각각 답하라고 했다.

"사무실 냄새 문제는 얼마나 심각한가요? 조금, 매우 같은 말을 쓰지 말고 1부터 10까지의 숫자 중 하나로 대답해주세요. 냄새가 나는지 안 나는지도 모르겠다가 1점이고 너무 괴롭고 불쾌해서 회사를 두고 싶다가 10점입니다."

직원들은 각각 자신이 느끼는 정도를 숫자로 이야기했다. 10점이 1명, 9점이 3명, 8점이 6명이었다. 냄새를 전혀 못 맡는 자신만 1점인 셈이었다. 그는 그 자리에서 결론을 내렸다.

"공기 청정기를 설치해서 완화한다고 해결될 문제가 아니군요. 신속하게 사무실을 옮기겠습니다."

그는 계약 기간이 남았음에도 건물주에게 상황을 설명하고 그 건물을 떠났다. 그가 새로운 사무실을 보러 다닐 때는 체크리스트 항목이 하나 더 늘었다. "해당 건물이나 근처에 냄새가 심한 식당은 없는가?"

의견을 구체화하는 숫자

의견을 듣고 진의를 파악할 때 1 to 10은 매우 효과적이다. 찬성과 반대 같은 선택지로 묻는다면 그 정도를 파악할 수 없는데, 수치로 나타내면 그것을 놓치지 않고 구체적으로 알아낼 수 있다.

만족도에 대한 설문 조사를 할 때도 마찬가지다. 흔히 5점 지표가 많이 쓰이는데, 이것이 불명확하다고 한다. 1에서 5 사이의 숫자를 선택하거나, '매우 불만족·불만족·보통·만족·매우 만족'으로 물을 때도 마찬가지다. 1과 5의 극단적 수치로 잘 대답하지 않기 때문에 2~4 사이의 어중간한 결과표를 받게 된다. 반면 10개의 숫자는 선택지가 다양해서 비교적 정확하다.

디자인 회사 사장은 지금 업무에도 1 to 10을 잘 활용하는 중이다. 고객에게 시안을 제출한 후 반응을 물을 때면 1점에서 10점 척도로 만족도를 묻는다고 한다. 10점이면 현 상태로 통과된 것이고, 7~9점이면 시안 수정을 하고, 6점 이하이면 재시안을 잡는다고 한다. 3점 이하이면 위기 신호로 인식하고 정확한 상황 분석을 한다. 고객들은 처음에는 어색해했지만, "너무 마음에 안 든다" 같은 감정 섞인 말을 하지 않아도 되기에 오히려 편안하다는 반응이다.

경청은 미덕이다. 여기에 하나만 덧붙이자. 의견의 크기를 1 to 10으로 묻자. 그러면 마음속 목소리까지 들을 수 있을 것이다.

사랑도
계산할 수 있을까?

측정할 수 없다면…

사회과학 계열의 대학에 입학하면 필수 과목으로 '사회과학 개론'이나 '사회과학 연구방법론' 등을 배우게 된다. 이때 강의를 진행하는 교수가 학생들에게 단골로 던지는 질문이 있다. "사랑에도 숫자로 점수를 매길 수 있나요?" 처음 사회과학을 접하는 학생들은 혼란에 빠진다. '사랑'이라는 숭고한 단어와 삭막한 '숫자'가 전혀 어울리지 않기 때문이다. "그건 어렵지 않을까요?"라고 답하는 학생도 나온다. 그러면 교수는 냉정하게 잘라 말한다. "사랑을 측정할 수 없다고 생각한다면, 앞으로 사회과학을 공부하기 매우 곤란합니다."

사전적으로 사회과학은 "사회 현상을 지배하는 객관적 법칙을 해명하려는 경험 과학을 통틀어 이르는 것"이다. 사회 현상의 법칙을 찾아내려면 그것을 측정할 수 있어야 한다. 그런데 자연과학의 대상과 달리 인간의 삶과 그것이 모여 이루어진 사회를 측정하는 게 쉬워 보이진 않는다. 그래서 다양한 연구방법이 요구되는 것이다.

경영 구루로 추앙받는 피터 드러커는 "측정할 수 없으면 관리할 수 없고 관리할 수 없으면 개선할 수 없다"라는 유명한 말을 남겼다. 물리적·화학적 세계뿐만 아니라 사회와 기업, 개인 생활의 자잘한 부분까지 측정할 수 있으며 또한 측정해야만 한다. 현상 배후의 법칙을 발견하고 발전시키기 위해서이다. 당신의 숭고한 사랑을 더 아름답게 가꾸어가려면 사랑에도 숫자를 들이대어 측정하는 게 옳다.

선택의 기로에서

나는 이혼 사건을 다루지는 않지만, 변호사로서 이혼과 관련된 법률 자문을 하게 될 때가 있다. 개인적으로는 로펌 동료나 후배 등에게 연애 상담을 해줄 때도 왕왕 있다. 이럴 때 느끼곤 하는 답답함이 있다. 물론 고민이 크고 혼란스러워서 그렇겠지만, 현재 관계의 상황, 자신의 마음, 상대방의 상태 등에 대해 객관적인 판단을 하지 못하는 경우가 많다. 대개 우왕좌왕하며 결론을 내지 못하다가 우연한 계기가 생기면 그쪽으로 쏠리면서 엉뚱한 의사결정을 한다. 이 때문에 불행이 더 커지기도 한다.

썸남이나 썸녀와 본격적인 교제를 시작할지 고민할 때, 연애 중 이별을 생각할 때, 결혼을 계획할 때, 이혼을 심각하게 고려할 때 등 중요한 분기점마다 자신과 상대방, 상황에 대해서 객관적으로 측정해야 한다. 그 결과를 놓고 다음 결정을 내리고 상황을 주도적으로 관리하는 것이 바람직하다.

이혼을 생각하는 사람이 있다고 하자. 그는 상황이 이렇게 된 주된 이유가 무엇인지 찾아야 한다. 그것을 나열해본다. 꽤 단순할 수도 있다. 다음으로 그 이유의 심각성을 1에서 10 사이의 숫자로 매겨본다. 배우자 폭행이나 도박, 약물 같은 범죄 때문이라면 심각성은 10으로 매기는 게 옳다. 배우자의 소소한 생활 습관 때문이라면 낮은 점수가 매겨질 것이다. 이때 문제 자체에만 집중해서 측정하는 게 맞다. 이후의 결과를 이유와 섞으면 생각이 복잡해지고 합리적인 결론에 도달하기 어렵다. 이혼의 타당성을 측정했다면, 그 이후의 문제를 따져보자. 자녀가 받게 될 상처, 이후의 양육, 재산과 소득 등 여러 가지가 나올 것이다. 각각의 문제에 대해서도 그 중요도를 1에서 10 사이의 숫자로 측정하자. 이유의 심각성에 따라 이혼 의사결정을 하고 파생되는 문제의 심각성에 따라 앞으로 주로 관리할 부분을 선택하는 것이 정석이다.

연인과 이별할지를 고민하는 사람 역시 마찬가지다. 내가 이 생각으로 이끌리게 된 이유부터 떠올려보고 가장 주된 이유를 찾는다. 다음으로 그 이유의 중요도를 1부터 10 사이의 숫자로 평가하는 식이다. 여기에 한두 가지 1 to 10 평가를 더 해도 좋다. 나는 연인과 헤어질지 고민하는 사람과 이야기를 나눌 때면, 헤어진 이후 현재 연인보다 더 나은 사람을 만나고 깊이 교제하게 될 가능성이 얼마나 큰지 1 to 10으로 평가해보라고 한다. 이렇게 숫자를 매기면서 자신의 마음, 현재 상황, 상대방에 대해 차분히 생각하며 측정하는 동안 앞으로 어떻게 해야 할지 선명하게 드러나는 경우가 많다.

사랑도 계산할 수 있을까? 물론이다. 선택의 순간마다 그리고 가끔은 별일 없어도 의도적으로 내 사랑에 점수를 매겨보자. 이를 통해 문제를 발견하고 해결책을 찾을 수 있다. 사랑

을 더 키울지 아니면 새로운 사랑을 찾아 떠나야 할지에 대해
결정적 충고를 얻을 수 있을 것이다.

직업과 직장을
선택하는 계산법

직업 선택의 중요성

대부분의 사람은 인생에서 가장 많은 시간과 열정을 '일' 하는 데 투자한다. 따라서 직업과 직장의 선택은 인생 여정의 행로를 결정하는 중요한 과정이다. 요즘 학교에서는 '진로進 路'교육을 중요하게 여기는데, 진로의 사전적인 뜻은 '앞으로 나아갈 길'이다. 진로 교육의 핵심이 장래 직업을 고르는 데 있는 것을 보면, 직업 선택은 인생 여정의 시작인 셈이다. 나 에게 적합한 좋은 직업을 선택한다면 자기 일에 대해 가치를 두고 일의 즐거움을 느끼며 행복하게 살 수 있다.

예전에는 진로 설정과 직업 선택을 청소년기에 하는 것으로 여겨왔다. 물론 지금도 그런 경향이 남아 있다. 그런데 고령화 시대를 맞이하면서 직업 세계가 많이 변했다. 평생 한 가지 직업을 가지고, 한 직장에서만 근무하는 경우는 매우 드물다. 인생 '이모작', '삼모작' 등의 단어가 있듯이 종사하던 직업을 바꾸는 사람이 많다. 그리고 '평생직장'이라는 개념이 사라진 지 오래다. 한 업종이나 직종, 직장에서 수십 년을 몸담아온 사람도 다음 직업과 직업을 고려해야 하는 시기가 온 것이다.

직업 전문가들은 진로를 결정하기 위해 중요한 3요소로 가치, 적성(역량), 흥미를 꼽는다. 이상적인 기준이다. 자신이 의미를 두고, 잘하며, 흥미와 즐거움을 느끼는 일을 골라서 할 수 있다면 인생이 매우 풍요로워진다. 그런데 이것이 다소 현실성이 떨어지는 것도 사실이다. 최근 설문조사에 따르면 한국 청소년들은 직업 선택에서 안정성과 소득을 자아실현과 사회 기여보다 훨씬 중요하게 여기고 있다. 사회적으로 가치있는 일, 성취감을 느끼는 일, 적성과 흥미에 맞는 직업을 찾으라고 강요할 수 없는 형편이 되었다.

중요한 것은 자기 주도성이다. 내 기준이 명확해야 한다. 사회 진출을 앞두고 직업을 탐색하고 있거나, 이직 또는 전직을 고려하는 사람이라면 나에게 가장 중요한 것이 무엇인지 스스로 솔직하게 답해보아야 한다. 누군가에게는 정년까지 고용이 보장된 안정성이 중요하고, 누군가에는 높은 소득이 가장 중요하다. 지금은 여건이 좋지 않더라도 미래 전망이 밝은 것을 가장 중요하게 여기는 사람도 있을 터이다. 누군가는 사회에 긍정적 영향력을 끼치는 직업을 선호한다. 또 누군가는 내가 가장 잘할 수 있는 일이 최고라고 여기며 어떤 사람은 일에서 즐거움을 얻어야 한다고 본다. 일하는 시간이 짧고 근무 강도가 약한 직업을 선호하는 사람도 있다. 정해진 답은 없다. 사람마다 다르다. 주관적인 기준을 적용할 수밖에 없다.

자기만의 잣대로 측정하라

직업 선택에서 중요한 기준을 죽 나열한 다음 각각의 점수를 매기고 총점이 가장 높은 것을 선택하면 어떨까? 이를테면 가치, 적성, 흥미, 안정성, 소득, 미래 전망, 노동 강도라는 7가지 기준을 세워 각 항목의 점수를 매긴 뒤 이를 합산하고 총점 상위 직업을 고르는 방식이다. 나는 이 방법이 효과적이지 않다고 본다. 나의 바람과는 어긋난 선택을 하게 될 가능성이 크기 때문이다.

가장 중요한 한 가지를 기준으로 삼는 게 좋다. 그 외 기준들은 보조적 역할을 하면 된다. 예를 들어 '사회적으로 가치 있으며 소득이 높은 일을 하고 싶다'라고 생각하는 사람이 있다면 둘 중 더 중요한 기준이 무엇인지 정해야 한다. 사회 기여가 우선이라면 1에서 10 사이의 숫자로 사회 기여도가 높은 일들을 평가하며 나열한 후 그중에서 소득이 높은 일(1 to 10 점수가 높은 일)을 고르는 게 효과적이다. 소득이 우선이라면 소득이 높은 일들을 나열한 후에 그중에서 사회 기여도가 높은 일을 고르는 것이다. 물론 이 과정은 균형 잡힌 자기 이해를 전제로 한다.

직장 선택도 마찬가지 방식으로 하는데, 다른 점이 있다면 커리어 계획, 일하는 기간, 현재 여건 등에 따라 현실적인 기준이 적용된다는 것이다. 대학생이 복학 전 몇 개월 일할 직장을 고르는 데 직업 선택에서처럼 거창한 기준을 적용할 필요는 없다. 이럴 때는 급여, 통근 편의성, 직장 분위기, 기술과 기능 습득 가능성, 커리와 계획과의 연계 등 세부적인 기준이 필요하다.

직장을 선택할 때도 가장 중요한 한 가지 기준을 고려하고 선택된 여러 대안을 검토하면서 하위 기준을 적용하면 된다.

'가슴이 시키는 일', '열정을 쏟을 수 있는 일', '즐길 수 있는 일'을 하라고 권하는 목소리가 넘쳐난다. 타당한 이야기다. 그러나 무턱대고 끌리는 쪽으로 향해서는 안 된다. 때로는 냉정하게 숫자를 들이대며 계산해야 한다. 어떤 직업이 또는 어떤 직장이 나를 가장 행복하게 할지를 계산해야 한다. 그 잣대는 당신이 가지고 있다.

변화를 파악하고
목표를 관리하기

큰 목표에 주눅 들지 않기

1989년 7월 18일 하반신 마비 장애인인 마크 웰먼이 1,000m 높이의 캘리포니아의 암벽 엘 카피탕에 오르는 데 성공했다. 이 이야기는 언론을 통해 전 세계에 알려지며 인간 승리의 감동을 만들어냈다. 웰먼은 친구가 암벽에 로프를 걸어주면 팔의 힘으로만 기어오르는 방식으로 등반에 도전했다. 하반신을 전혀 쓸 수 없기에 한 번에 15cm만 몸을 끌어올릴 수 있었는데 섭씨 39도의 폭염 속에서 9일에 걸쳐 무려 7,000번 로프를 끌어당겼고 결국 정상에 올랐다. 그는 말했다. "계속 15cm만 앞으로 나아가겠다고 결심한다면 세상에서 이루지 못할 일은 없습니다."[10]

우리에게 주어진 목표가 버겁게 느껴질 수 있다. 더욱이 큰일은 단 한 번에 이룰 수 없다. 잘게 쪼갠 목표를 차근차근 이루어나가는 것이 성취의 비결이다. 웰먼은 목표를 7,000단계로 나누고 각 단계에 집중함으로써 원하는 것을 이룰 수 있었다.

스페인 산티아고 순례길 완주는 꽤 많은 사람의 버킷 리스트에 올라 있다. 여러 루트가 있는데, 약 800km 거리를 걸어 산티아고데콤포스텔라 대성당에 도착하는 긴 여정이다. 30~40일이 걸린다. 이에 대해 800km를 걸어야 한다고 생각하는 것과 하루에 20~26km를 걷는다고 받아들이는 것은 부담의 크기가 다르다. 똑같은 이야기지만, 현실성이 달리 느껴진다.

웰먼의 암벽 등반기나 산티아고 순례길 여정을 통해 목표 관리의 교훈을 얻을 수 있다. 큰 목표를 작은 단위로 나눈다. 큰 목표를 의식하여 주눅 들지 말고 주어진 각 단계에만 집중한다. 쪼개진 목표를 하나하나 이루면 결국 큰 목표에 도달하게 된다. 웰먼은 극한의 상황에서 목표를 7,000개로 나누었다. 산티아고 순례길은 30~40개로 목표를 쪼개었다.

단계별 목표 관리

1 to 10을 말하는 책답게 목표를 10단계로 나눌 것을 권한다. 사람의 손가락이 모두 합쳐 10개라는 사실은 타고난 숫자 관리 수준이 10임을 의미하기도 한다. 10단계면 큰 혼란 없이 목표를 관리해나갈 수 있을 것이다.

책 읽기를 끔찍하게 싫어하는 친구가 있다. 나와 만난 자리에서 연신 한숨을 내쉬었다. 직장에서 2주 후에 책 내용을 발표해야 하는데 400쪽이나 되는 책을 읽으려니 엄두가 안 난다는 것이었다. 내가 다른 발상을 들려주었다. "왜 400쪽이라고 생각해? 전체 쪽수는 잊어버려. 그냥 40쪽이라고 생각해. 그렇게 열흘을 보내면 충분히 할 수 있지." "조삼모사朝三暮四 같은데 묘하게 설득력이 있군." 친구는 그렇게 대답하고 그날부터 책 읽기를 시작했다. 그리고 일주일 만에 독파에 성공했다. "사나흘 지나고 나니, 탄력도 붙고 재미도 느껴져서 목표보다 더 읽게 되더군. 목표를 쪼개는 게 별것 아닌 말장난 같았는데, 실제로는 효과가 좋아." 친구는 뿌듯한 성취를 느끼며 이렇게 말했다.

목표를 10단계로 세분화하여 각각의 단계에 집중하는 방식에서 권하고 싶은 게 있다. 특히 숫자로 표현되는 목표를 설정할 때 적용하면 효과적인 관리법이다. 전체 목표 숫자를 단순히 10으로 나누지 말고 단계마다 비중을 달리하라는 것이다. 예를 들어 10kg을 감량하겠다는 목표를 세웠다면, 각 단계를 1kg 감량으로 설정하지 말라는 이야기이다. 사람마다 다르지만, 첫 1~2kg 감량은 비교적 쉽다. 그러니 1단계는 2kg, 2~3단계는 1.5kg, 8~10단계는 500g 같은 식으로 관리해나가는 것이 바람직하다. 그러면 후반부에 스트레스를 줄일 수 있다. 이와 반대의 경우도 가능하다. 시작 단계에 에너지가 많이 투입되는 계획이라면 초반 단계는 목표를 작게 설정하고 후반 단계로 갈수록 더 큰 목표치를 부여하는 것이다.

이 방식은 기질과 성향에 따라서 적용해도 좋다. 일단 시작하는 게 힘들지만, 탄력이 붙으면 속도를 내는 사람이 있다. 그렇다면 초기 단계 특히 1단계 목표가 작은 것이 좋다. 결심이 빠르고 쉽게 시작하지만, 뒤로 갈수록 힘이 떨어지는 스타일이라면 초기 단계에 목표를 크게 설정하고 후반에는 작은 목표를 부여하는 식이다.

10단계의 로드맵을 그려놓고 지금 주어진 한 단계에 집중하며 성취를 반복하면 목표를 달성하는 재미가 쏠쏠하다. 그리고 어느새 목표 지점에 이른 자신을 발견할 수 있을 것이다. 잘만 쓴다면 1 to 10은 변화를 측정하고 목표를 관리하는 데 큰 힘을 발휘한다.

냉정한 열정과
계산된 분노

선의가 해악이 될 때

착한 일, 사회적으로 가치와 의미가 있는 일 등에 뜻을 보태고 참여할 때 숫자를 들이대는 것은 바람직하지 못하게 느껴진다. 취지를 훼손하고 선량함과 순수성을 해치며 일의 진행을 방해하는 것 같다. 이런 경우 필요한 것은 진정성과 열정, 헌신 등이며 이런 가치들은 숫자로 측정해서는 안 될 것처럼 여겨진다.

이런 보통의 정서와 정반대의 이야기를 하는 사람이 있다. 옥스퍼드대학교 철학과 교수이며 비영리단체를 설립하여 이끌며 사회사업을 해온 윌리엄 맥어스킬이다. 그는 기존 기부 문화에 신선한 바람을 불러일으킨 효율적 이타주의effective altruism 운동을 이끌고 있다. 선한 일을 한다면 그 자체로 만족하지 말고 냉정한 계산을 통해 효과적으로 해야 한다는 주장을 펼친다.

맥어스킬 교수는 비효율적인 사회사업의 예로 '플레이 펌프'를 들었다. 플레이 펌프는 저개발국에서 지하수를 끌어 올리는 도구이다. 기존의 수동 펌프나 풍력 펌프와는 다르다. 아이들이 놀이터에서 빙글빙글 돌리면서 노는 회전 놀이기구인 일명 '뺑뺑이'와 펌프 기능을 결합했다. 아이들이 기구를 돌릴 때 발생하는 회전력으로 지하수를 물탱크까지 끌어올리도록 설계되었다. 이 도구를 쓴다면 시골 아낙들이 수 킬로미터를 걸어와 힘들게 펌프질을 하거나 바람이 불 때까지 마냥 기다리며 풍력 펌프 앞에 긴 줄을 설 필요가 없었다. 이 제안에 대해 많은 사람이 열광했다. 후원도 잇따랐다. 미국의 유명 래퍼 제이지Jay-Z는 모금을 위한 순회공연에 나섰고 당시 영부인이었던 로라 부시가 거액을 기부하며 플레이 펌프 지원 캠페인은 엄청난 주목을 받았다.

결과적으로 플레이 펌프는 큰 실패로 끝났다. 플레이 펌프가 동력을 확보하는 데는 아이들의 놀이만으로 부족했다. 놀이기구에서 떨어져 다치는 아이도 생기고 빙글빙글 돌다가 구토 증세를 보이는 아이도 있었다. 나중에는 여성들이 힘들게 뺑뺑이를 돌리며 펌프를 가동해야 했다. 효율도 낮았다. 같은 시간 확보할 수 있는 물의 양은 수동 펌프의 5분의 1에도 미치지 못했다. 수동 펌프보다 4배나 비싼데 말이다.

무분별한 선행은 오히려 무익할 때가 많다. 플레이 펌프 제안자와 후원자들은 사실관계를 냉정히 따져보지 않고 감정에 치우쳤다. 아이들이 행복한 얼굴로 즐겁게 놀고 있을 뿐인데도 마을에는 깨끗한 물이 공급된다는 발상에 도취된 것이다. 그들은 납득할 만한 증거가 아니라 혁신적 기술에 매료되었다. 그들이 아프리카 시골 주민들을 진심으로 돕고 싶었다는 데는 의심의 여지가 없다. 문제는 선의에만 의존하면 오히려 해악을 끼칠 수도 있다는 점이다.[11]

남을 도울 때 계산하라

우리가 남을 도우려 할 때 신중하게 생각하고 차갑게 계산하지 않는다. 무턱대고 행동으로 옮기곤 한다. 숫자를 들이대면 선행의 본질이 흐려진다고 생각하기 때문이다. 그 탓에 세상에 큰 변화를 일으킬 기회를 놓치고 만다. 따뜻한 가슴에 냉정한 계산을 결합해야, 다시 말해 이타적 행위에 데이터와 숫자, 이성을 적용할 때라야 비로소 선한 의도가 좋은 결과를 낳을 수 있다.

맥어스킬 교수는 효율적 이타주의를 위해 5가지 질문을 던질 것을 권한다.

① 얼마나 많은 사람에게, 얼마나 큰 혜택이 돌아가는가?

② 이것이 최선의 방법인가?

③ 방치되고 있는 분야는 없는가?

④ 그렇게 하지 않았다면 어떻게 됐을까?

⑤ 성공 가능성은 어느 정도이고 성공했을 때의 효과는 어느 정도인가?

선량한 의도를 가지고 사회단체에 기부할 때도 냉정한 질문을 던지며 계산하는 과정이 필요하다. 맥어스킬 교수는 기부하거나 후원할 단체를 선정하는 5가지 기준도 제시했다.

① 이 단체는 어떤 일을 하는가?

② 사업의 비효율성이 높은가?

③ 사업의 실효성이 객관적으로 검증되었는가?

④ 사업이 제대로 실행되고 있는가?
⑤ 이 단체는 추가 자금이 필요한가?

선한 일을 할 때일수록 더욱더 계산이 필요하다. 세상을 진짜 바꾸는 것은 열정이 아니라 냉정이기 때문이다.

계산적 분노

부당한 일, 사악한 일을 접하면 자연스럽게 분노의 감정이 올라온다. 그 분노는 정당하고 거룩하게까지 느껴진다. 그리고 그 감정을 표출하는 게 선량한 시민의 본분인 것 같다. 아이를 키울 때도 비슷한 생각을 한다. 아이가 잘못을 저질렀을 때 크게 화를 내야 아이가 자기 잘못을 인식하고 같은 행동을 반복하지 않으리라 여기기도 한다. 경우에 따라 분노를 표출하는 것을 정의롭다고 평가하는 게 일반적이다.

그러나 실제는 그렇지 않은 경우가 더 많다. 분노의 무분별한 표출은 부작용을 불러오기 때문이다. 큰 분노를 접하는 상대방은 분노를 불러온 상황을 개선하거나 문제를 해결하려 하기보다는 분노 그 자체를 줄이거나 없애는 데 더 집중하기 마련이다. 실질적인 대안 대신 엉뚱한 쪽으로 관심을 쏟는다.

부모의 분노에 부닥친 아이는 공포심을 느낀다. 단기적으로는 그 행동을 자제한다. 그러나 얼마 지나지 않아 같은 일이 반복된다. 자기 내면에서 그 행동을 고쳐야겠다는 의지가 일어나지 않은 탓이다.

극악한 범죄를 저지른 사람을 뜨뜻미지근한 법정에 맡기기보다는 화끈하게 응징하는 것을 속 시원하게 여기는 이들도 있다. 하지만 이럴 때는 그 범죄자를 매개로 더 큰 범죄자나 조직을 소탕할 기회를 잃기도 한다.

분노의 감정이 생길 때 차분하게 따져보아야 한다. 이 분노의 정체는 무엇인가? 혹시 내가 개인적으로 느끼는 부당함을 사회적 정의 훼손으로 과장하여 생각하는 것은 아닌가? 실제로 문제를 해결하기 위해서는 분노 외에 무엇을 하는 게 더 효율적인가?

분노의 상황에서는 계산이 필요하다. 심리학자와 사회학자들은 화를 내기보다는 분노의 상황을 있는 그대로 담담히 표현하고, 합리적인 개선과 해결 방안을 요구하는 게 훨씬 효율적이라고 지적한다. 물건을 집어 던지거나 고성과 욕설을 내뱉거나 때리고 부수는 폭력보다 더 강렬하게 분노를 표현하는 방법이 있다. 무표정한 얼굴로 "분노의 정도를 1에서 10까지로 표현할 때, 나는 지금 10 수준의 분노를 느끼고 있다. 이 상황은 그만큼 잘못되었다. 앞으로 어떻게 할 것인가?"라고 묻는 것이다. 분노를 일으키는 상황은 이미 벌어졌다. 관건은 '앞으로 어떻게 할지'이다.

4장

행복을 열어주는 열 개의 숫자

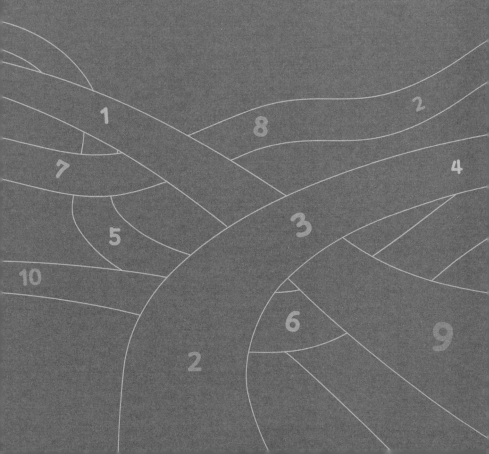

통 큰 사람의
이기적 계산법

화통한 김 사장의 슬픔

지인 중에 '화통한 김 사장님'이 있다. 그는 무골호인無骨好
人으로 불린다. 쩨쩨함이라고는 찾아볼 수 없는 시원시원한
성격의 그는 지갑을 잘 열기로 유명하다. 술자리마다 호쾌하
게 돈을 낸다. 남의 부탁을 좀처럼 거절하지도 않는다. 주변
사람들은 그와 어울리기를 좋아하며 그를 높이 평가하는 듯
하다. 그런데 누군가가 김 사장을 험담하는 것을 들은 적이
있다. 안타깝게도 그는 '한심한 호구'로 불리고 있었다. 김 사
장은 그의 회사 직원들이나 가족들에게 상대적으로 인색했

다. 자린고비처럼 지독하게 굴지는 않았지만, 호쾌한 씀씀이는 회사나 집에서는 좀처럼 나타나지 않았다. 그의 성향으로 보았을 때 이런 면은 잘 이해가 되지 않는다. 하지만 한편으로 생각하면 밖에서 그렇게 쓰고 다니니 안에서 쓸 돈이 부족할 수도 있겠구나 싶다.

퍼주면서도 욕을 얻어먹는 모순된 상황에 처한 사람들이 의외로 많다. 그의 지인들은 받을 때는 웃으며 칭찬하지만, 돌아서서는 낮은 평가를 한다. 무언가 분명히 잘못되었다. 변화가 필요하다. 그렇다면 쩨쩨하고 인색한 사람이 되는 게 해결책일까? 그렇지 않다. '계산적'인 것과 '쪼잔한' 것은 완전히 다르다.

누군가에게 대접을 받았다면 보답을 하는 게 계산이 맞다. 시간 비용인 이자를 포함하여 더 후하게 대접하는 게 제대로 된 셈법이다. 이것이 진짜 계산적인 태도이다. 다른 사람의 호의를 받기만 하고 모른 척하는 것은 계산이 흐린 사람의 행동일 뿐이다.

김 사장의 문제는 어디에 있을까? 그의 호방한 성격이나 소비 규모는 진짜 문제는 아니다. 그의 선의에 따른 행동이 계획적이지 않고 무분별하며 기분에 따라 좌우된다는 것이 치명적이다. 즉 계산이 제대로 되지 않는 게 뜻하지 않았던 결과를 불러왔다. 주변 사람들은 그가 지갑을 열면 일단 반기지만, 타당한 이유를 찾지 못한다. 그저 의외의 행운이라고 생각한다. 그런데 비슷한 상황이 오면 김 사장이 예전처럼 돈을 쓰리라 기대한다. 하지만 김 사장이라고 백이면 백 다 돈을 쓸 수는 없다. 주머니 사정이 좋지 못할 때도 있을 것이다. 그러면 기대가 무너진 사람들이 실망한다. 이런 식으로 김 사장의 호의에 일관성과 합리성을 느끼지 못하고 그를 모자란 호구쯤으로 폄훼하는 것이다.

예산 소비

인간관계에서 돈을 쓸 때는 써야 한다. 기왕이면 주저함 없이 따지지 않고 시원하게 쓰는 게 좋다. 그러면 어떨 때, 어떻게 써야 효율적으로 쓸 수 있는가? 방법은 간단하다. 쪼잔하지 않으면서 계산적이면 된다. 명확하게 말하자면 예산에 따라서 쓰면 된다. 기분이 이끌리는 대로, 합리적 이유 없이 마구 써대는 게 아니라 계획에 따라 베풀고 소비하는 것이다.

정부나 공공기관, 기업 등 공적인 조직에서의 소비는 예산에 따른다. 예산을 통해 비용 지출이 통제된다. 만약 조직을 이끄는 사람이 마음대로 비용을 쓴다면 그 조직은 얼마 지나지 않아 부실해질 것이다. 이것은 개인 경제에서도 마찬가지다. 소득이나 재산의 크기에 맞게 지출 예산을 세우고 그에 맞추어 소비하는 게 바람직하다. 예산을 세우다 보면 불필요하고 불합리한 부분을 발견하여 절감할 수 있다. 그리고 중요하고 필요한 소비를 미리 계획에 넣어 놓치지 않을 수 있다. 예산을 세움으로써 인색하고 몰인정한 사람이 되지 않을 수도 있다는 말이다.

돈과 심리의 관계를 연구하고 강의해온 신성진 씨는 '머니 프레임'이라는 독특한 개념을 제시한다. 재무 상태를 개선하기 위해 나의 머니 프레임을 점검하는 것으로 시작할 것을 권한다. 그 방법은 다음과 같다.

① 과거 돈에 대한 경험이나 가족으로부터 받은 돈에 대한 가치관을 점검한다.

② 현재 나의 돈에 대한 태도와 재무 상태를 점검한다.

③ 미래의 나의 재정 상태를 구체적이고 생생하게 상상한다.

돈에 대한 바른 관점과 태도를 세우는 것에서 부자 되기가 시작된다는 것이다. 그리고 신성진 씨는 예산에 의한 소비를 강조한다. 그는 무조건 아끼는 것이 능사가 아니라 예산을 따라 비용을 통제함으로써 효율적인 지출을 할 수 있다고 말한다. 그의 제안 중 재미있는 것이 '사치를 위한 저축'이다. 돈을 모으는 데 사치가 꼭 방해물은 아니다. 계획되고 저축에 의한 것이라면 사치가 긍정적인 역할을 한다. 아껴 쓰는 것보다 더 중요한 것이 예산에 따라 쓰는 것이다. 그러면 이기적 계산을 하면서도 통 큰 사람이 될 수 있을 것이다.

갑작스럽게 계획에 없던 중요한 상황이 벌어지면 어떻게 할까? 그러면 예산에 따라 소비할 수가 없다. 이럴 때는 '예비비'를 책정해놓은 게 좋다. 그런 여유가 없다면 불가피하게 '추가경정'을 하는 게 좋다.

메리츠자산운용 존 리 대표의 강의를 동영상으로 들은 적이 있다. 그의 강의는 매우 명쾌하다. 한 문장으로 요약할 수 있다. "무조건 쓰지 마라. 아낀 돈으로 주식을 사두라. 주식은 팔지 마라." 청중 중 한 사람이 그에게 질문했다. "주식은 언제 팔아야 하나요?" 그러자 존 리 대표는 뜻밖이라는 표정으로 "왜 팔죠? 주식은 은퇴할 때까지 파는 게 아닙니다"라고 대답했다. 이어서 다른 청중이 물었다. "부모님이 편찮으셔서 병원비가 필요해도 주식을 팔면 안 되나요?" 존 리 대표가 당연한

걸 왜 묻느냐는 듯이 약간은 짜증스럽게 대답했다. "팔아야
죠. 그러려고 돈 모으는 거잖아요."

뜻하지 않는 지출의 순간은 늘 다가온다. 그렇다 하더라도
예산을 세우고 그에 맞추어 소비하는 계산적 실천을 포기하
면 안 된다. 어쩔 수 없는 경우라면 예비비를 쓰거나 추가경정
을 하는 융통성을 발휘하더라도 예산의 틀을 계속 유지해야
한다.

내가 통제할 수
있는 것만

평온, 용기, 지혜

하나님 저에게

바꿀 수 없는 것을 받아들이는 평온을

바꿀 수 있는 것은 바꾸는 용기를

그리고 그 차이를 구별하는 지혜를 주시옵소서

세계적 신학자 라인홀드 니부어의 기도문이다. 현대 기도
문 중 가장 명문이라는 평가를 받는다고 한다. 이 글은 삶과

세상을 대하는 자세에 대해 심오한 통찰력을 준다. 나는 주어진 대로 순응하라는 소극적 의미가 아니라, 할 수 있는 일 또는 반드시 해야 할 일을 찾아서 하라는 적극적이고 실천적 의미로 받아들이고 있다. 이를 위해 꼭 갖추어야 할 것이 분별력(지혜)이 아닐까 하고 생각해본다.

평범한 사람이 갑자기 분별력을 갖추기는 어렵다. 결심만 가지고는 안 된다. 오랜 훈련과 인생의 경험이 요구되는 일이기 때문이다. 그래서 의도적으로 분별력을 발휘할 시간을 가져야 한다. 가끔은 잠시 분주한 일을 내려놓고 잠잠히 사색해보자. 내가 바꿀 수 없는 것은 무엇인가? 나는 그것을 받아들이고 있나, 아니면 해내야 한다는 강박에 시달리지는 않는가? 또한, 내가 바꿀 수 있는 일은 무엇인가? 나는 기꺼이 용기를 내어 이 일에 나서고 있는가? 더 명확한 사고를 위해 각각의 해답에 1에서 10까지 숫자를 부여해보는 것도 좋다.

좀처럼 움직이지 않으려는 무기력은 큰 문제가 된다. 그런데 그보다 심각한 것은 모든 것을 다하려고 하는 과잉 의욕이다. 많은 일을 해내려는 욕심은 부작용을 부를 수 있다. 반면 내가 해낼 수 있으며 정말 중요한 일에만 집중할 때 바람직한 변화와 성과를 이루어낼 수 있다.

미국 정치권을 보면 사안마다 언론에 얼굴을 내미는 의원들이 있다. 만능 전문가이다. '참 열정적인 사람이구나' 싶다가도 그가 그 많은 일을 제대로 처리할 수 있을지 의구심이 생긴다. 반면에 한두 가지 과제에 집중하는 의원도 있다. 그들은 처음에는 큰 인지도를 갖지 못한다. 그러나 시간이 지날수록 그 분야의 전문가로서 능력을 발휘하고 사람들을 끌어모은다. 정치권에서 모두 하겠다는 말은 실상은 아무것도 하지 않겠다는 뜻이나 마찬가지다.

근면 과잉

독일군에는 전통적으로 장교의 유형을 구분하는 기준이 전해 내려온다. 그것을 만든 사람이 한스 폰 젝트라는 설도 있고 쿠르트 폰하머슈타인에크보르트라는 설도 있는데, 독일군 사이에서 전승된 금언이라는 점은 분명하다. 장교의 유형은 4가지이다.

① 똑똑하고 부지런한 유형The Clever and Industrious
② 똑똑하고 게으른 유형The Clever and Lazy
③ 멍청하고 게으른 유형The Stupid and Lazy
④ 멍청하고 부지런한 유형The Stupid and Industrious

똑똑함과 부지런함이 긍정적 가치이기 때문에 그 조합인 똑똑하고 부지런한 유형이 가장 이상적이고 부정적 성향의 조합인 멍청하고 게으른 유형이 가장 나쁠 것으로 생각하기 쉽다. 그런데 현실은 다르다고 한다. 지도자로서는 똑똑하고 게으른 유형이 가장 낫고 멍청하고 부지런한 유형이 가장 나쁘다고 한다. 부지런함이 지도자에게 그리 좋은 덕목으로 간주되지 않는 것이다. 물론 주어진 직무를 해낸다는 전제를 깔고 있긴 하다.

정제되지 않는 부지런함은 여러 일에 주의를 분산시킴으로써 가장 중요한 일에 대한 집중력을 잃게 만든다. 심지어 잡다한 일에 파묻혀 가치 있는 일을 발견하지 못하게 될 수도 있다. 여기에 덧붙여 멍청하다면 더욱 심각하다. 수습하지 못할 일을 무분별하게 벌여서 사고를 일으키고 해악만 불러들일 수 있기 때문이다.

하루나 일주일, 한 달, 분기, 혹은 1년 등의 단위로 중요한 과제를 세워보자. 처음에는 여러 가지를 떠올려보자. 그 후에 각 항목에 대해 1에서 10까지의 숫자로 평가해보자. 기준은 아래와 같다.

① 이 일이 내 인생에 혹은 내가 속한 조직에 얼마나 중요

한가?

② 나는 이 일을 끝까지 감당할 수 있는가?

③ 내가 이 일을 함으로써 변화를 일으키고 성과를 낼 수 있는가?

이 질문들에 점수를 매겨서 가장 중요하고 해낼 수 있으며 큰 성과가 기대되는 한 가지만 선택하자. 그리고 정한 기간에 그 하나에 집중하자. 그것으로 충분하다.

세상에서 가장 부질없는 일

"가장 쓸데없는 일이 재벌 걱정, 연예인 걱정"이라는 우스 갯소리가 있다. 그들이 알아서 잘하는 데 굳이 내 마음을 상할 필요가 없다는 것이다. 그런데 더 생각해보면 재벌 걱정, 연예인 걱정뿐만 아니라 거의 모든 걱정이 부질없다. 사람들이 걱정하는 일 중에서 40%는 절대 일어나지 않을 것이며 30%는 이미 일어난 것이고 22%는 너무 사소해서 걱정할 필요조차 없는 것이며 4%는 우리 힘으로 막을 수 없는 것이며 나머지 4%만이 우리가 무엇인가 할 수 있는 걱정거리라고 한다.[12]

윈스턴 처칠은 어떤 노인이 죽기 전에 남긴 말을 사람들에게 들려주었다. 그 노인은 이렇게 말했다고 한다. "나는 평생 많은 걱정거리를 안고 살았지만 걱정했던 일의 대부분은 실제로 발생하지 않았다. 말하자면, 평생 아무 쓸모 없는 생각으로 산 셈이다. 내가 인생을 살면서 가장 후회되는 일은 쓸데없는 걱정 때문에 내가 하고 싶은 것들을 스스로 막으며 산 것이다."[13]

사람들이 늘 달고 사는 걱정은 대부분 쓸데없으며 불필요한 에너지 소모에 지나지 않는다. 걱정은 우리 신념을 무너뜨리고 삶의 변화를 막는 부정적인 요소로 작용한다. 사람들의 행동과 감정, 그리고 대인관계에 영향을 끼치며 성장으로 가는 발목을 잡는다. 물론 닥쳐올지도 모르는 불행에 대해 반드시 대비해야 한다. 그런데 그것은 리스크 관리라는 구체적인 행동이지, 걱정이라는 어두운 심리 상태가 아니다.

계산을 통해 걱정을 줄일 수도 있다. 걱정거리를 기록하여 목록으로 만들고 그 불안한 정도를 1에서 10까지의 숫자로 표시한다. 그리고 기록된 걱정들이 생산적인지 비생산적인지 점검한다. 이 역시 1에서 10까지로 기록하면 된다. 이 문제는 내가 해결할 수 있는 것인지, 실제로 이 문제에 집중하고 있는지, 그 걱정이 나에게 어떤 행동을 취하도록 자극하는지, 잠재적인 해결책이 있는지, 해결책대로 행동하고 있는지에 대해 스스로 답해보면 내 걱정들의 실체가 드러난다.

걱정을 없애려면 직접 행동에 나서면 된다. 상당수의 걱정은 행동하려는 그 순간 사라진다. 앞에서 걱정거리의 대부분이 내가 개입할 여지가 없거나 무엇인가 행동할 필요조차 없는 것이기 때문이다. 그리고 구체적인 행동과 대비를 통해 우려하는 결과를 대비하는 것으로 충분하다. 농부가 소를 도둑맞지 않을까 매일 밤 노심초사하는 건 시간과 열정의 낭비다. 외양간을 튼튼히 해놓는 게 마땅히 할 일이다.

잠시 멈추고
열까지 세보세요

생각하기 위해 멈추기

경주마와 야생마의 차이를 이야기한 인상적인 구절을 읽은 기억이 난다. "경주마는 달리기 위해 생각을 멈추지만, 야생마는 생각하기 위해 달리기를 멈춘다"[14]고 한다. 우리 삶은 정해진 경로를 달리기만 하면 되는 트랙이 아니다. 그러므로 트랙 안을 맴도는 경주마가 아니라 넓은 초원을 내달리는 야생마처럼 살아야 한다. 생각하기 위해 잠시 달리기를 멈추는 순간이 꼭 필요하다.

현대인들은 분주하다. 잠시 하늘을 바라볼 짬도 없이 정신

없이 살아간다. 무언가 생각할 시간이 없다. 박노해 시인의 표현처럼 "너무 많이 배우고 너무 적게 생각한다." 정보와 일에 묻혀 멈추고 생각하는 여유를 잃어버린 듯하다. 삶을 더 값지게 살기 위해 잠시 멈추고 생각하는 시간을 가져야 한다. 매일 별도의 시간을 정해도 되고, 의도적으로 일의 흐름을 끊고 생각에 빠져도 괜찮다.

앞에서 다루었지만, 생각은 걱정과 다르다. 나의 내면을 들여다보며 주변 사람들의 마음을 헤아리고 일과 배움의 의미를 되짚어보며 삶과 세상의 감각을 느끼는 것이다. 그리고 자신을 향해 근본적인 질문을 던지는 것도 좋다. 엄숙한 순간에 숫자가 끼어드는 것을 불경스럽게 여기지 말고, 1에서 10까지의 숫자로 현재를 측정하는 것 역시 효과적이다.

반성하고 진단하고 계획하는 것은 생각의 훌륭한 내용이다. 공자가 말했다. "나는 날마다 세 가지 일로 나 자신을 반성한다. 남을 위하여 일을 꾀하면서 진심을 다하지 않았는가, 벗과 사귀면서 진실하지 않았는가, 배운 것을 익히지 않았는가 하는 것이다." 벤저민 프랭클린은 50년 넘게 매일 절제, 침묵, 규율, 결단, 절약, 근면, 성실, 정의, 중용, 청결, 평정, 순결, 겸손의 13가지 덕목을 실천했는지 그렇지 못했는지를 돌아보며 그것을 수첩에 기록하며 꼼꼼히 점검했다고 한다. 동서양의 현인들처럼 자신만의 반성과 진단, 계획의 루틴을 만들면 생각하기가 더욱 훌륭해질 것이다.

멈춤만으로 충분하다

반드시 멈추어야 하는 순간이 있다. 기쁨이나 슬픔, 분노의 감정이 고양되었을 때, 무엇인가 결정해야 할 때, 누군가에게 말을 내뱉을 때 잠시 멈추는 것이 좋다. 내달리던 흐름을 끊음으로써 감정이나 관성, 성급한 판단이 나를 지배하지 않도록 하는 것이다. 이때도 열 개의 숫자가 마법을 발휘한다. 물론 1 to 10은 추상적인 상황을 구체적인 숫자로 측정하는 도구이다. 하지만 그렇게만 쓰라는 법이 있는 건 아니다. 수를 세는 것도 효과적인 사용법이다. 마음속으로 하나부터 열까지 천천히 세자. 그리고 다시 상황으로 돌아오자. 그러면 성급하고 사려 없는 언행을 줄일 수 있을 것이다.

멈춤은 또한 내려놓음이다. 불교의 화두로 '방하착放下着'이 있다. 중국 당나라 때 엄양 스님이 조주 선사에게 물었다. "한 물건도 가지고 오지 않았을 때 어떻게 합니까?" 조주 스님이 대답했다. "내려놓아라(放下着, 방하착)." 엄양 스님이 다시 물었다. "한 물건도 가지지 않았는데 무엇을 내려놓습니까?" 조주 스님이 다시 대답했다. "지고 가거라着得去, 착득거." 이해하기 어려운 선문답禪問答이다. 그러나 방하착은 오늘을 살아가는 우리에게 많은 것을 일깨운다. 집착하는 마음을 내려놓고 마음을 편하게 가지라는 것이다. 마음속 번뇌와 갈등, 원망, 집착, 욕심 등을 모두 벗어 던져버리라는 것이다. 손에 물건을 쥐고 있다가 아무런 의식도 없이 떨어뜨려 손에 아무것도 남기지 않는 것, 다 비워 버리고 아무것도 남기지 않는 상태를 가지라는 것이다.[15]

한 번씩 마음속의 모든 것을 내려놓는 연습을 해보자. 마음속으로 아무런 생각도 하지 않고 텅 빈 허공처럼 유지하는 것이다. 어찌 보면 그저 멍하게 있는 상태이다. 이런 멈춤과 비움의 순간이 우리를 더 달리고 채우게 할 것이다.

직관적 통찰을
더 가치 있게

직관과 감성은 소중하다

지금까지 계산적인 태도, 숫자를 이용한 측정·계량·분석, 10까지 세는 멈춤과 여유를 이야기해왔기에 직관적 통찰, 감성적 접근의 가치를 부정하는 것처럼 느껴질 수 있을 것이다. 전혀 그렇지 않다. 오히려 그 반대다. 직관적 통찰과 감성적 판단이 의미 있고 중요하기 때문에 그것을 한층 빛내기 위해 1 to 10이라는 도구가 필요하다는 것이다. 1 to 10을 통해 직관은 더 명료해질 수 있다. 이와 마찬가지로 1 to 10을 통해 감성이 더 풍부해지면서도 성급한 감정적 반응을 줄일 수 있다.

직관력直觀力은 판단이나 추리 따위의 사유 작용을 거치지 아니하고 대상을 직접적으로 파악할 수 있는 능력을 말한다. 속되게 표현하면 '감'이나 '촉'이 매우 발달했다는 것이다. 이른바 '딱 보면 아는' 상태이다.

직관력이 빛을 발하는 때가 있다. 헌책방이나 골동품 가게를 돌아보는데 유독 한 물건이 눈에 꽂힌다. 그런데 이것이 값진 문화재이다. 면접을 보는데 첫인상만으로 인재 중의 인재를 골라낼 수 있다. 우연히 스친 이성에게서 운명을 직감하고 사랑을 불태운다. 간단한 정보만으로 최고의 주식 종목을 골라내기도 한다. 이런 직관의 메시지를 제대로 해석하고 지혜롭게 활용할 수 있다면 엄청난 힘이 생긴다.

직관력을 기르고 직관이 들려주는 정보를 소중히 여기는 것은 유용하다. 직관이 오감과 논리, 분석을 압도하는 순간, 본능적으로 아는 것, 언어가 필요 없는 소통, 우회하지 않고 직진하는 과정을 통해 심오한 통찰이 이루어진다.[16]

고유한 개성을 더욱 빛내줄 수단

평범한 사람도 높은 수준의 직관력을 발휘할 수 있다는 주장도 있지만, 직관력의 발현은 광범위한 지식과 오랜 경험, 훈

런이 쌓여야 하는 매우 높은 경지이다. 그리고 직관력만을 의지하기에는 오판의 가능성을 무시할 수 없다. 노련한 형사는 한눈에 범인을 알아본다고 한다. 하지만 이것이 틀리는 때도 있다. 낮은 확률로 틀린다 하더라도 그때의 결과는 치명적이다.

따라서 직관을 소중히 여기면서도 그것을 보완할 방법을 갖는 것이 효과적이다. 이 방법은 직관의 순간에 큰 틈이 생기지 않을 만큼 짧은 시간 동안 쉽게 할 수 있어야 한다. 1 to 10이 그렇다. 직관으로 얻은 판단에 대해 잠시 평가하는 것이다. 그리고 1에서 10까지로 측정하는 과정 역시 어느 정도는 직관에 의존한다. 1 to 10은 직관을 더욱 명료하고 정밀하게 만들어주는 힘이 있다.

1 to 10을 이용한 계산적 접근법은 감성을 해치지 않는다. 자기감정의 종류와 상태, 정도를 명확하게 이해하도록 도와준다. 감정을 계산할 줄 모르거나 감정은 논리적 영역 바깥에 있다고 믿는 사람 중에는 자기감정의 정체조차 알지 못하는 이들도 있다. 자신이 무엇을 느끼는지 파악하지 못하니 당연히 그것을 표현할 수 없다. 자기감정을 모르니 다른 사람의 감정도 이해하지 못한다. 남은 것은 알 수 없는 감정의 성급한

표출 행동이다. 1 to 10은 풍부한 정서를 지향한다. 나와 다른 사람의 감정을 잘 이해하고 더 효과적으로 표현하는 데 도움을 준다.

여러 차례 이야기했지만 1 to 10은 도구이다. 내가 말하는 계산적 태도는 엄격히 말해 삶의 태도나 자세 즉 양식이 아니다. 지극히 간단한 접근법, 수단일 뿐이다. 당신의 가치관이나 성향을 바꾸어야 할 아무런 이유가 없다. 직관과 감성, 그 밖의 고유한 기질과 역량을 포기하지 않아도 된다. 당신의 자아와 지금까지 쌓아온 역량 위에서 당신이 만나는 상황에서 1 to 10을 활용하는 것이다. 예를 들어 당신이 씀씀이가 큰 호방한 사람이라면 그것은 큰 장점이다. 다만 즉흥적이고 무계획한 소비를 예산 세우기를 통해 보완하면 된다. 이것이 수단으로서의 계산적 태도이다. 1 to 10을 통해 당신의 고유한 개성이 더욱 빛나기를 바란다.

숫자에 집착하지 마라

숫자를 잘 활용하는 계산적인 사람은 숫자 그 자체에 집착하지 않는다. 숫자 그 자체에 매달릴 때는 숫자가 잘 보이지 않는다. 간단한 계산도 틀린다. 숫자에 담긴 의미를 놓치기 때문일 것이다. 사실 나열된 숫자만으로는 의미가 없다. 그 숫자가 내포한 진실이 더 중요하다.

그런데도 우리는 숫자에 얽매이곤 한다. 피천득의 수필 「은전 한 닢」에는 저자가 상하이에서 직접 겪은 일화 하나가 소개되어 있다. 어떤 늙은 거지가 환전상 여러 곳을 전전하면서 자신이 가지고 있는 은전 한 닢이 진짜인지를 거듭해서 확인했다. 그러고는 후미진 골목으로 들어가 은전을 몰래 꺼내보고 있었다. 그 거지에게 그렇게 큰돈이 어디서 났느냐고 물어보았다. 거지는 6개월 동안 한 푼 두 푼 구걸해 모은 잔돈을 조금씩 큰돈으로 여러 차례 바꾸어 드디어 은전 한 닢을 쥐게 되었다고 말해주었다. 그렇게 말하는 거지의 눈에 눈물이 그렁그렁 맺혔다. 피천득이 다시 물었다. "왜 그렇게까지 애를 써서 그 돈을 만들었단 말이오? 그 돈으로 무엇을 하려오?" 그러자 그 거지는 잠시 머뭇거리다 대답했다. "이 돈, 한 개가 가지고 싶었습니다."[17]

계산적으로 살라는 조언은 숫자에 매달리고 얽매이라는 뜻은 아니다. 숫자는 목표가 될 수 없다. 수단으로 잘 활용할 때 숫자와 계산의 진정한 가치가 살아난다.

이 물건을
사야 할까?

기대와 현실의 차이

몇 년 전 '캡사이신'이라는 필명으로 활동하는 분이 인터넷 커뮤니티에 연재하는 글을 매우 인상적으로 읽은 기억이 난다. 그 글들을 엮어 책으로 낸다는 소식을 접한 듯한데, 실제 출판은 이루어지지 않은 것 같다. 지금은 인터넷 커뮤니티에서도 그 글을 찾아보기 어려워 아쉬운 마음이다.

캡사이신의 글은 주로 소비 생활에 관한 것이었다. 유용해 보이는 물건을 사서 직접 써본 경험을 솔직하게 써 내려갔는데, 품목은 다양했다. 그런데 물건 대부분이 초기에 기대한 것과는 달리 쓰임새도 별로 없고, 나중에는 사용하지 않게 되어 보관이 번거로운 애물단지가 되었다는 내용이다. 소비의 기대와 결과 사이의 간극을 매우 생동감 있게 드러내 보여주어서 크게 공감했었다. 그 글들 덕분에 '지름신'의 강림을 막고 알뜰하고 건전한 소비 습관을 갖게 되었다는 댓글도 달려 있곤 했다.

현대 사회에는 광고가 범람한다. 표현 방법은 다양하지만, 메시지는 한결같다. "이 제품이나 서비스는 매우 품질이 뛰어나다. 당신에게 꼭 필요하다. 지금 이 순간이 구매하기에 가장 유리하다. 기회를 놓치지 말고 지금 당장 사라"라고 호소한다. 설득 기술도 매우 세련되었다. 홈쇼핑 방송을 보고 있노라면 화면 속으로 빨려 들어간다. 평소 생각하지도 않았던 물건이 정말 유용하고 괜찮아 보인다. 전화기를 들어 지금 제공하는 유리한 조건을 이용해 사야만 할 것 같다. 그런데 신기하게도 아주 잠깐의 시간이 지나면 그 감정이 온데간데없이 사라지곤 한다.

그 물건만 있으면 저절로 행복해질 것 같은 생각이 들 때가 있다. 잘 써지는 펜과 세련된 노트가 있으면 집중력이 높아져 공부가 더 잘될 것이라 여기는 학생들이 있다. 이들의 공부

첫 단계는 문구류를 사는 것이다. 최신 진공청소기만 갖춰놓으면 집안이 저절로 깨끗해질 것 같기도 하다. 좋은 오븐이나 냄비, 프라이팬을 사서 쓰면 요리 수준이 한층 높아지리라 기대하기도 한다. 각종 전기 공구를 들여놓으면 집수리와 관리가 잘되리라고 생각한다. 실제 그런 기대를 충족시키는 경우도 있지만, 대부분은 생각과 다르다. 소비와 행복은 필연적인 인과관계가 없다.

살까 말까, 무엇을 살까?

소비를 줄이자거나 최소한의 필수품만 사자는 취지는 아니다. 나는 극단적인 절약을 주장하고 싶은 생각이 없다. 필요하고 원한다면 소비를 하는 게 맞다. 소비를 할지 말지, 그리고 어떤 것을 고를지를 결정하느라 지나치게 많은 시간과 에너지를 소모하는 것도 불합리하다. 배보다 배꼽이 더 큰 상황이 올지도 모른다. 최소한의 시간과 에너지를 써서 결정하는 게 효율적이다. 이때 1 to 10 계산법이 유용하게 쓰일 수 있다.

구매 여부를 결정할 때는 스스로 질문을 던져보자. "이 물건이나 서비스가 없어서 그동안 매우 불편하거나 결핍감을 느꼈나?", "지금 당장 사야 하는가? 구매를 미루면 안 되는가?" 이에 대하여 1 to 10으로 답해보자. 그러는 동안에 자연스럽게 결정할 수 있을 것이다.

구매를 결정하고 물건을 고를 때는 여러 가지를 따지지 않는 게 좋다. 품질, 브랜드, 디자인, 기능, 낮은 가격, 가성비 등 여러 요인 중 내가 가장 중요하게 여기는 한 가지 기준을 중심으로 1 to 10으로 평가해보자. 그리고 높은 점수를 받은 것을 대상으로 하위 기준 한두 가지를 더 적용하면 된다.

물건을 사는 과정 자체를 즐긴다면 다르겠지만, 일상적인 제품이나 서비스의 소비 의사결정에 고도의 분석을 거칠 필요는 없을 것이다. 간단한 1 to 10이면 충분하다. 물론 주택이나 차량 구입 등의 경우는 더 신중해야 한다.

흘려보내기

소비 결정의 연기, 즉 지금은 아무것도 하지 않는 것도 괜찮은 방법이다. 대부분의 소비는 시간이 지난다고 해서 크게 사정이 달라지지 않는다. 당장 무엇인가 결정하거나 행동하지 않아도 된다. 이를 '흘려보내기'라고 부른다. 무엇인가 갖고 싶다는 욕망이 생길 때 바로 사지 말고 며칠이라도 그냥 지내는 것이다.[18] 시간이 지나면 내가 어떤 결정을 할지 더 자명해진다. 그때도 여전히 사야겠다는 마음이라면 구매 필요성이 크다고 보아야 한다. 그렇지 않다면 일시적 욕망이 수그러든 것이므로 물건을 사지 않게 될 것이다.

부자의 계산식

어떻게 부자가 되었나요?

다니엘 맥도널드Daniel Macdonald라는 소셜미디어 스타가 있다. 나는 그가 만든 영상을 즐겨보았다. 그의 영상에는 재미있는 스토리나 기발한 구성, 세련된 촬영 기법이 없다. 반복적인 포맷의 연속이다. 그런데도 많은 사람이 열광한다. 틱톡 1,000만 명, 인스타그램은 100만 명 가까운 팔로워가 있다. 그는 슈퍼카를 타고 다니는 사람을 마주치면 차를 멈추어 세우고 질문을 던진다. "Hey, excuse me, I love your car! What do you do for a living?(안녕하세요. 차가 정말 멋지군요. 당신은 어떤 일을 하세요?)"질문의 속뜻은 간단하다. '당신은 어떻게 슈퍼카를 몰 정도의 부자가 될 수 있었나요?'이다. 그런데 부자들의 직업은 정말 다양했다. 우리가 흔히 생각하는 부자 특유의 직업은 찾아보기 힘들 정도였다. 면봉을 판매하는 사람도 등장했었다. 부자의 공통점은 특정 직업이나 업종이 아니었다. 그것은 삶의 자세나 방법일 것이다.

변호사라는 직업 덕분에 부자 클라이언트를 만날 기회가 많다. 그들은 다양한 사업이나 투자를 통해 막대한 부를 이루었다. 맥도널드가 무작위 인터뷰를 통해 밝혀낸 것과 마찬가지로 직업이나 투자 분야는 천차만별이다. 그러나 부자들을 관통하는 공통점을 발견할 수 있다. 그중 핵심적인 것이 계산에 밝다는 점이다. 단순히 회계에 능숙하다는 뜻은 아니다. 그들은 숫자 감각이 뛰어나며 돈이 흐르며 새나가거나 모이는 지점을 발견하는 데 능숙하다. 단순한 소비와 비용을 구분하는 능력이 있다. 그리고 독특한 계산법을 가지고 있다.

부자는 계산적이다

100만 원이라는 돈이 있다고 하자. 평범한 사람들은 그 돈의 가치를 소비 효용의 가치로 따진다. 이를테면 곰탕 100그

룻, 특정 브랜드의 옷이나 가방 하나, 스마트폰 한 개 등으로 말이다. 그런데 부자들은 미래 가치로 계산해낸다. 1년 후 얼마, 5년 후 얼마, 30년 후 얼마 같은 식으로 말이다. 예를 들어 연간 수익률 8% 복리로 가정했을 때 지금의 100만 원은 5년 후 146만 9,300원이다. 30년 후에는 1,006만 2,700원이다.

아이가 태어났을 때 100만 원으로 고급 장난감을 사주는 경우 잠깐 즐겁지만, 돈은 사라지고 없다. 소비의 즐거움과 돈을 맞바꾸는 평범한 계산이다. 그런데 유망한 주식을 사준다면 30년 후 성인이 되었을 때 1,000만 원 이상의 목돈을 줄 수 있다. 부자에게 100만 원은 미래의 1,000만 원으로 계산된다.

부자들의 계산에는 미래라는 변수가 들어간다. 그래서 될 만한 사업, 될 만한 회사, 될 만한 사람을 찾는 데 적극적이다. 여기에 쓰는 돈은 단순한 소비가 아니라 투자이다. 미래 가치를 고려하게 되면 소비는 자제하고 투자는 늘리기 마련이다. 씀씀이가 커 보여도 실상은 투자를 적극적으로 하는 셈이다. 물론 항상 리스크를 고려한다. 리스크를 줄이기 위해 노력하기도 하고, 분산을 통해 한쪽에서 실패해도 다른 쪽에서 만회하도록 계산과 설계를 한다.

미국 직장인들은 401(K)라는 일종의 퇴직연금 제도를 이용해 주식 투자에 적극적이다. 상당한 비중의 돈이 주식에 묶여 있다. 그래서 이 글을 쓰는 지금과 같은 침체기에는 평가액이 내려앉기도 한다. 그래도 심각하게 걱정하는 목소리는 크지 않다. 장기간으로 볼 때 주가가 우상향한다고 확신하기에 머지않아 가격이 제자리를 찾고 다시 오를 것이라 기대하기 때문이다. 평균적인 미국인들은 돈의 미래 가치를 비교적 잘 계산하는 편이다.

나는 투자에 적극적인 편이 아니다. 주식에 밝지도 않다. 가끔 여윳돈이 생기면 아마존이나 애플 등의 하이테크 기업의 주식을 사두는 정도이다. 그런데 그동안 작게는 수 배에서 크게는 수십 배까지 올랐다. 투자액이 컸다면 꽤 많은 수익을 냈을 것이다. 부자들에게는 이런 일이 일상적이며 그 규모도 크다.

적은 돈을 허투루 여기지 않고 불어난 미래를 보는 안목이 부자 특유의 계산식이다. 부자가 되고 싶다면 부자처럼 계산하라. 돈의 현재와 소비 가치만 보지 말고, 그 너머의 미래 투자 가치를 보고 계산해내라. 이런 계산이 습관화된다면 당신의 경제생활 모습은 크게 달라질 것이다. 그리고 부자에 한층 가깝게 다가갈 것이다.

5장

숫자가 사악하다는 편견

어른들은 숫자를 좋아해, 정말?

진정으로 숫자를 좋아하는가?

내가 너희들에게 이렇게 번호까지 일러주며 B612호 소행성에 대해 자세히 이야기하는 것은 다 어른들 때문이야. 어른들은 숫자를 좋아하잖아.

너희들이 새로 사귄 친구에 관해 이야기하면 그들은 결코 가장 중요한 것에 대해서는 묻지 않아. 그들은 절대로 "목소리는 어떻지? 무슨 놀이를 가장 좋아하지? 나비를 수집하니?" 하고 묻는 법이 없지. 고작해야 "나이는 몇 살이지? 형제는 몇이고? 몸무게는? 아버지 수입은 얼마나 된대?" 하는 질문이 전부야 그래야 그 친구에 대해 안다고 생각해.

만약 너희들이 "멋진 붉은 벽돌집을 보았는데, 창가에는 제라늄 화분이 놓여 있었고 지붕에는 비둘기들이 놀고 있었어요…"라고 말하면 어른들은 그 집이 어떤지 떠올리지 못할 거야. 어른들은 "십만 프랑짜리 집을 보았어요"라고 해야, "야, 참 멋지겠구나!"하고 감탄한단다.[19]

생텍쥐페리의 『어린 왕자』 중 한 구절을 옮겨보았다. 삶과 세상의 진정한 아름다움을 보지 못하고 숫자, 특히 돈에 매몰된 현대 사회의 메마른 풍토를 꼬집는 듯하다. 독자 대부분이 이 구절에 공감할 것이다. 물론 나도 그렇다.

하지만 이 구절은 곱씹어 읽을 필요가 있다. 따뜻하고 풍요로우며 정감이 넘쳐야 할 세상이 차갑고 건조하며 탐욕으로 찌든 숫자 때문에 오염되고 있다는 뜻으로 단순하게 이해하면 안 된다.

반문해보자. 과연 이 시대의 어른들은 숫자를 좋아할까? 나는 그렇지 않다고 본다. 대다수가 숫자를 좋아하지 않는다. 그렇다면 『어린 왕자』의 한 구절에서 드러난 '숫자에 곁눈질

하다가 본질을 놓친다'라는 비난은 무엇 때문일까? 그것은 숫자를 제대로 다루지 못하는 탓이다. 말하자면 진정으로 숫자를 알지도, 좋아하지도, 제대로 활용하지도 않으면서도 숫자를 좋아하는 척하며 오용하고 있을 뿐이다.

생텍쥐페리는 아마도 숫자 그 자체를 혐오하기보다는 숫자에 대한 인간의 무지와 무능력을 안타까워했으리라. 숫자를 좋아하는 것이 사람과 세상의 풍부한 본질을 훼손하는 잘못된 태도라는 지적은 편견이며 오해이다.

세상을 더 아름답게 만드는 숫자

제대로 다룰 수 있다면 숫자는 자신과 세상을 더 아름답고 풍요롭게 만든다. 숫자를 다루는 작업, 즉 계산도 마찬가지다. 계산을 통해 우리는 더 나은 곳으로 향할 수 있다. 숫자는 우리의 따뜻한 마음, 불타는 열정, 번뜩이는 직관력, 기발한 창의력, 서로 배려하고 도와주는 공동체의 미덕을 조금도 해치지 않는다. 오히려 그 반대다.

우리의 따뜻한 마음은 약간의 계산과 합쳐져 더 품위 있게 바뀐다.

우리의 불타는 열정은 약간의 계산과 합쳐져 현실성이 커진다.

우리의 번뜩이는 직관력은 약간의 계산과 합쳐져 더 정밀해진다.

우리의 기발한 창의력은 약간의 계산과 합쳐져 다양하고 구체적인 실천으로 바뀐다.

서로 배려하고 도와주는 미덕은 약간의 계산과 합쳐져 공동체 구성원의 행복의 크기를 한층 더 키워준다.

앞에서 이야기했지만, 생텍쥐페리가 "어른들은 숫자를 좋아하잖아"라고 비꼰 것은 숫자가 사악하고 쓸모없어서가 아니다. 숫자를 모르고 계산에 서툴면서도 끊임없이 숫자 핑계를 대는 사람들을 흉본 것이다. 이들 때문에 숫자와 계산은 오랜 오해와 편견에 시달려야 했다.

이제 더는 숫자를 터부시하지 말자. 계산적으로 사는 게 악하다는 편견도 버리자. 숫자가 당신을 구하고 세상을 구하게 될 터이니 말이다.

계산적인 사람이라는
비난

계산적 태도에 대한 편견

"그 사람은 타산적이야."

"그 사람은 계산에 밝아."

누군가가 당신을 이렇게 평가했다고 하자. 어떤 느낌이 드는가? 선뜻 긍정적으로 받아들이기는 힘들 것이다.

국어사전에서 '타산적打算的'이라는 단어를 찾으면 "자신에게 도움이 되는지를 따져 헤아리는. 또는 그런 것"이라고 나온다. '계산적計算的'도 마찬가지 뜻이다. 그런데 여기서 부정적인 뉘앙스는 찾기 어렵다. 어찌 보면 인간으로서 자연스러운 성향이다. 하지만 한국 문화에서는 '타산적' 혹은 '계산적' 태도가 그리 환영받지 못한다. 의리와 명분을 중요하게 여기는 유교 전통 때문이 아닐까 생각한다.

공자는 논어에서 『견리사의見利思義』를 역설했다. 사사로운 이익에 앞서 의로움을 먼저 생각하라는 뜻이다. '사사私私로운'은 공적公的이 아닌 개인적인 범위나 관계의 성질이다. 즉 공동체의 가치를 개인 이해관계에 앞서서 고려하고 이것을 기준으로 행동하라는 것이 유학의 가르침이다.

또한 유교 철학은 '군사부일체君師父一體'와 '충효忠孝'를 강조하며 임금과 스승과 아버지가 하나이고 국가에 대한 충성과 부모에 대한 효도가 따로 뗄 수 없음을 가르친다. '효'가 '충'으로 확장된다는 점에서 사적인 윤리와 공적인 윤리가 하나로 이어지는 구조를 갖는다. 이런 가치관에서는 개인의 이익을 추구하는 게 부도덕하게 느껴진다. 자기 이익을 공공연히 내세우는 것은 바람직하게 받아들여지지 않는다.

그런데 이러한 사고방식이 우리의 실제 삶에 뿌리를 내렸다고 볼 수는 없다. 유학을 일으킨 공맹孔孟의 후예 중국인들은 현실적인 이해관계가 투철하고 타산적이기로 유명하다. 한국인들도 각자 자연스럽게 자기 이익을 추구한다. 다만 자신이 타산적임을 드러내지 않으려 할 뿐이다. 이해관계의 계산을 교묘한 수사법 뒤에 숨긴다. 그래서 의도에 대한 오해가 일어나기도 한다.

타산적 삶이 세상을 움직인다

과거의 도덕률로 행동을 규제할 수 없다. 개인이 전통적 가르침을 마음 깊이 받아들여서 자기 이익을 포기하고 공동체를 위해 헌신하리라 기대하는 것은 환상을 좇는 것과 마찬가지다. 그보다는 사람의 타산적인 본성을 인정하고 그에 맞추어 룰을 확립하는 게 합리적이다.

예를 들어 공무원이 뇌물을 받지 않도록 하기 위해 의식을 변화시키는 것보다는 공무원 생활을 지속할 때의 이익을 뇌물을 받았을 때의 이익보다 압도적으로 크게 만드는 게 효과적이다. 향후 급여와 연금, 복지 혜택, 근무 여건 등과 뇌물을 받았다가 직장을 잃는 것 사이에서 이해득실 계산을 해서 뇌물을 받지 않는 선택을 하도록 제도를 만드는 것이다.

미국인들은 이해타산에 밝다. 거래나 협상을 할 때 자기 이익과 손실을 민감하게 따진다. 이에 대한 집착을 숨기지 않는다. 그들에게 재산권이나 이익을 좇을 권리는 생명을 보호하고 행복을 추구하는 것과 다르지 않다. 그리고 이것이 법률과 제도의 근간을 형성했다. 한국 문화의 영향을 받은 사람들은 이런 미국인의 성향이 낯설게 느껴질 때가 많다.

그런데 이런 미국인들이 재미 한인들을 '지나치게 타산적'이라고 평가하는 목소리를 자주 듣는다. 타산적인 의식을 뼛속 깊이 새긴 사람들이 타산적인 것을 혐오하는 문화를 지닌 사람들을 왜 타산적이라고 비난할까? 말과 실제 행동, 명분과 실천이 다르기 때문이다. 희생을 앞세우면서 실상은 자기 이익을 좇는 이중적 태도를 비난하는 것이다.

계산이 세상을 움직인다

이제 개인이 자기 이익을 계산하고 이에 따라 판단하고 결정하며 행동하는 것을 자연스럽게 받아들여야 한다. 전혀 부끄러워할 필요가 없다. 당신은 좀 더 계산적이어도 괜찮다. 당신의 이해타산이 결국 이 사회를 움직이고 발전시키기 때문이다. 고전 경제학의 아버지 애덤 스미스의 오래된 충고를 들어보자.

우리가 저녁 식사를 기대할 수 있는 건 푸줏간 주인, 술도가 주인, 빵집 주인의 자비심 덕분이 아니라, 그들이 자기 이익을 챙기려는 생각 덕분이다. 우리는 그들의 박애심이 아니라 자기애에 호소하며, 우리의 필요가 아니라 그들의 이익만을 그들에게 이야기할 뿐이다.

'계숙자'는
최악의 상사일까?

너무나 인간적인

몇 년 전 〈숫자녀 계숙자〉라는 웹드라마를 흥미롭게 보았던 기억이 난다. 로맨틱 코미디 장르인데 유쾌하면서도 유머러스한 전개가 인상적이었다. 주인공 캐릭터는 과거에 깊은 상처를 받았다. 그 아픔을 이기기 위해서인지 모든 것을 숫자로 환산해서 치밀하게 계산하며, 그 계산에 따라 일하고 일상을 살아간다. 그러다가 로맨스에 빠져들면서 조금씩 변해간다.

주인공 '계숙자'는 과장되고 희화화된 캐릭터라 현실감이 강하진 않지만, 분명히 입체적인 인물이다. 숫자 만능주의 냉

혈한이며 완벽주의자였다가 점점 인간적으로 성격이 변모해 간다. 여기서 이 드라마 연출진의 세계관을 살짝 엿볼 수 있다. 숫자와 계산에 몰두하는 사람은 철두철미하고 건조하며 방어적이고 인간적 온화함을 찾을 수 없다는 관점이다. 숫자는 상처에 대한 방어기제인 셈이다. 따라서 '숫자녀'는 이상적이지 않으며 극복되어야 할 성격이다.

그런데 이 계숙자 캐릭터에 대한 몇몇 시청자들의 반응이 인상적이었다. 계숙자 같은 사람이 내 상사였으면 좋겠다는 식이었다. 열심히 일하고 성과를 내면서도 학벌과 인맥의 벽에 막혀 부당한 대우에 시달리느니, 숫자의 정당한 평가를 받고 싶다는 것이다. 일부의 짐작과는 달리, 상당수 사람, 특히 젊은 세대는 숫자를 비인간적인 억압으로 느끼지 않는다. 분명하고 공평하고 정당하면서 예측할 수 있기에 오히려 인간적이라 느낀다.

계산적인 사람이 된다는 말은 비인간적이고 냉혹해진다는 말과 동의어가 아니다. 주변을 둘러보면 숫자와 계산에 밝은 사람들은 잔혹하거나 냉랭하지 않다. 단호함이 느껴질 때가 있지만, 그렇다고 해서 자신이나 주변 사람들을 부당하게 짓누르지 않는다.

그래서 나는 냉혹한 철벽녀 계숙자가 숫자녀를 대표하는 캐릭터로는 부적합다는 생각이다. 그보다는 영화 〈삼진그룹 영어토익반〉의 '심보람' 캐릭터가 실제에 가깝다고 본다. 회계부 사원인 심보람은 수학 올림피아드에서 우승한 수학 천재이다. 그런데 회사에서는 숫자를 끼워 맞춰 회계 장부를 조작하는 일을 주로 한다. 그녀에게는 꿈이 있다. 제대로 된 회계 프로그램을 만들어 사람들이 숫자로 거짓말하는 것을 멈추게 하는 것이다.

숫자에 밝고 계산에 능한 그녀는 오히려 더 인간적이다. 사무실 구석 어항의 금붕어를 정성으로 돌보고 병들어 입원한 예전 상사에게 깊은 연민을 느낀다. 그리고 자신의 계산 능력을 발휘해 회사의 악행에 당당히 맞선다.

셈이 밝다는 칭찬

'셈이 흐린 사람'이라는 말이 있다. 주로 부정적인 평가로 쓰인다. 함께 사업하거나 거래할 때는 피해야 할 존재로 꼽히기도 한다. 셈이 흐린 사람들은 자기 몫은 정확히 알고 철저히 챙기지만 자기가 부담해야 할 부분, 남에게 주어야 할 부분은 좀처럼 계산하지 못한다. 모호하게 얼버무리고 넘어가려 한다. 셈이 흐리다고 해서 전혀 인간적이지 않다. 따뜻한 배려도 없다. 셈이 흐린 사람을 대할 때는 상대방은 속이 탄다. 자주 말을 바꾸고 이해할 수 없는 기준을 적용해서 상대방을 당황하게 만들기 때문이다. 셈이 흐린 사람은 음흉하고 부도덕한 민폐 덩어리다.

계산적인 사람이 차갑고 딱딱할 것이라는 선입견은 일찌감치 깨는 게 좋겠다. '셈이 흐린 사람'이 부정적인 평가라면 그 반대인 '셈이 밝은 사람'은 긍정적인 평가여야 한다. '숫자녀'와 '숫자남'이라는 별명은 자랑스러워해야 할 칭찬이 아니겠는가?

진짜 계산적인 사람은 자기 이익과 남의 이익을 그리고 자기 비용과 남의 비용을 정확하게 따진다. 공평하고 합리적이다. 신뢰할 만하다. 계산적이냐 아니냐는 인품이나 기질, 성격과는 관련이 없다. 아니, 나는 계산적일 사람일수록 인품과 성격이 더 뛰어나다고 믿는다.

셈이 흐린 사람보다는 숫자녀 계숙자처럼 냉혹한 사람(현실에서 잘 존재하지는 않겠지만)이 더 좋다. 물론 그보다는 심보람이 낫다. 그리고 심보람 같이 셈이 밝은 선량한 사람들이 우리 주변에 훨씬 더 많다.

부도덕한 기업은
계산적일까?

최악의 계산

1970년대 초 미국의 포드자동차는 당시 소형차 트렌드에 대응하기 위해 신모델 '핀토'를 출시했다. 핀토는 시장에서 큰 인기를 끌었지만, 치명적인 결함을 안고 있었다. 급하게 출시하고자 연구개발과 생산 일정을 무리하게 단축했으며 원가를 줄이기 위해 안전성을 간과했던 것이다.

핀토 차량은 연료 탱크가 폭발하는 사고가 자주 일어났다. 사고로 목숨을 잃거나 화상을 입은 소비자들의 항의와 소송이 잇따랐다. 회사 외부는 물론이고 포드 사내 엔지니어들조차 대규모 리콜을 주장하는 상황이었다. 그리고 법원에 증거로 제출된 포드의 내부 보고서는 세상을 경악과 분노에 빠뜨렸다.

비용: 137,000,000달러

(핀토와 마찬가지로 차축 뒤에 연료 탱크를 두도록 설계된 모든 차와 트럭에 대한 제품 보수를 하는 비용 추산치. 1,250만 대의 차량 곱하기 차량 1대당 11달러의 비용).

대

편익: 49,530,000달러

(사고 예방에서 오는 비용 절약: 예상 사망자 180명 곱하기 사망자 1인당 보상비 20만 달러. 예상 화상 피해자 180명 곱하기 화상 피해자 1인당 보상비 6만 7000달러. 예상 화재 차량 2100대 곱하기 차량 1대당 보상비 700달러).[20]

악명을 떨친 「그러시/사운비 보고서」의 결론이다. 이 보고서는 포드사가 핀토 모델을 고치는 것보다 그대로 놔두고서

피해가 발생하면 그것을 돈으로 보상해주는 편이 싸게 먹힐 것이라는 계산된 판단이 담겨 있다.

포드의 핀토 자동차 결함 대응에 관한 사례는 기업 활동을 시장에만 맡겨두어서는 안 된다는 주장의 근거로 자주 인용된다. 기업은 영리를 추구하는 속성상, 사람의 생명조차 숫자로 계산하기에 자유를 제한할 수밖에 없다는 논리이다. 그리고 냉혹한 계산을 일삼는 자본주의 체제 자체에 대한 비판으로 이어진다.

물론 포드자동차의 대응은 잘못되었다. 비윤리적이고 사악하다. 그런데 포드자동차의 잘못은 '계산을 한 데'서가 아니라 '잘못 계산한 데'서 찾아야 한다. 안전, 사람의 건강과 목숨은 무한대의 비용으로 계산했어야 했다. 그리고 안전과 건강, 생명의 훼손은 이익을 계산할 때도 0의 값을 두어야 했다. 이렇게 계산했다면 비용은 무한대, 이익은 0이라는 결론에 도달했을 것이다. 하지만 그들은 이 중요한 변수를 간과하고 멍청한 계산을 시도한 것이다.

계산과 기업 윤리

안타깝게도 기업의 부도덕성 개선은 경영진의 윤리 의식

강화 같은 추상적 대책, 즉 계산 자체를 포기하게 만드는 것으로는 효과를 보지 못한다. 예를 들어 기업의 자유와 시장의 자율성을 억압하는 법률은 큰 효과를 보지 못했다. 그보다는 계산이 정교해지면서 변화가 일어났다. 기업의 자유를 인정하면서도, 기업 잘못으로 인한 사고에 대한 보상 금액을 획기적으로 올리는 법률을 만들면서, 기업의 계산이 달라졌다. 안전에 대한 태도가 바뀐 것이다. 그리고 소비자들이 이른바 '착한 기업'을 선호하고 비윤리적 기업을 비토하는 경향이 늘어나면서 기업들은 자연스럽게 이를 계산에 포함하기 시작했다.

여성 근로자에게 성적 수치심을 안기는 이른바 '성희롱'에 대해서 일본 기업들이 경각심을 갖게 된 것은 그 역사가 오래되지 않았다. 여전히 부족한 점이 있지만, 과거보다 크게 좋아진 것은 사실이다. 그렇다면 일본 기업 경영진의 '성인지 감수성'이 갑자기 민감해져서 이런 변화가 일어났을까? 물론 그런 점도 일부 있을 터이다. 하지만 근본적인 이유는 따로 있다. 1996년 미쓰비시가 미국 자동차 공장에서 발생한 성희롱 집단 소송에서 3400만 달러의 배상금을 지급한 사건은 성희롱의 비용 계산을 명확하게 만들었다. 2006년 도요타자동차 북미 법인 CEO의 비서 성희롱 배상 등은 리스크의 크기를 확실하게 짐작할 수 있게 만들었다. 이런 사건들이 이어지면서 셈법이 확실해지고 그 계산이 행동을 제약하게끔 유도했다.

숫자나 계산하는 행위 자체를 사악하다고 보아서는 문제를 해결할 수 없다. 즉, 숫자를 따지고 계산하는 오랜 행위를 금지한다고 해서 인간성이 회복되고 도덕성이 되살아나지는 않는다. 그보다는 도덕과 공공복리를 계산에 포함함으로써 더 정교한 계산을 하도록 만들어야 한다. 똑똑하게 계산하도록 유도하는 것이 최고의 해법이다.

숫자가 불친절하게
느껴질 때

불친절한 숫자

"너무 아파서 죽기 직전인 상태를 10, 하나도 안 아픈 상태를 1이라고 하면 지금 통증은 몇 정도 되나요?"

어깨 통증이 심해서 병원을 찾은 재미교포 지인에게 미국인 의사가 이렇게 물었다.

그는 질문에 대답하는 대신 황당한 표정을 지으며 그 의사를 물끄러미 바라보았다. 그리고 이런 의사에게 치료받지 못하겠다며 그 자리에서 일어났다.

그는 "환자가 아파서 왔는데 냉랭하게 숫자 타령이나 하는 게 말이 되냐"며 불만을 털어놓았다. 그리고 환자 자신이 얼마나 아프다고 느끼는 게 치료를 위한 판단 기준이 될 수 있는지도 의심스러워했다. "CT나 MRI 검사를 해서 빨리 병을 찾아내야지, 한가한 소리나 하고 있다"라며 흠을 잡았다.

그는 "쓸데없이 숫자를 물어보지 않는" 한국인 의사를 찾아 치료를 시작했다. 미국에 온 지 20년이 훨씬 지났는데도 그는 미국식 진료 문화를 못마땅해했다. 온정이 느껴지지 않고 기계적이며 무성의하다는 것이었다.

그의 불쾌감이 워낙 완강해서 설득하지는 못했지만, 사실 미국인 의사의 질문은 매우 타당하고 효과적인 진료 방법이다. 환자가 통증을 받아들이는 주관적인 느낌도 치료를 위해 매우 중요한 데이터이기 때문이다. 이것을 바탕으로 통증을 다스리는 치료, 예를 들면 진통제 처방 등을 언제, 얼마나 할지를 결정할 수 있다.

그리고 치료의 경과를 쉽게 파악할 수도 있다. 만약 그가 미국인 의사에게 계속 진료를 맡겼다면 그 의사는 다음날도 그다음 날도 똑같이 물었을 것이다. 치료가 효과적이라면 그는 "8", "6", "3"이라고 각각 대답할 것이고 의사는 약물이나 치료법이 잘 듣는 것을 알고 그 방법을 계속 사용할 것이다.

반대로 치료가 효과적이지 않다면 그는 "8", "8", "9"라고 각각 대답할 것이며, 이때 의사는 새로운 대안을 찾게 된다.

아메리칸 스타일

'1 to 10'으로 상황을 진단하고 의사소통을 하는 것은 미국에서는 매우 익숙하다. 오랫동안 여러 분야에서 다양하게 쓰인 것을 보면 효과가 검증된 방식이라 할 수 있다. 그런데 이를 유독 싫어하며 거부하는 사람들도 있다. 미국에 사는 한인 중에서 이런 분들이 더 많은 것 같다. 그들은 생활과 감성이라는 신비의 영역을 숫자로 건조하게 표현하는 게 내키지 않는다고 한다. 재미교포 지인도 이들과 같은 마음이었으리라.

나는 그에게서 숫자에 대한 막연한 거부감 같은 것을 발견했다. 그는 숫자로 표현할 수 있는 영역과 숫자 따위가 끼어들어서는 안 되는 신성한 영역이 별도로 존재한다고 믿는 듯했다. 숫자를 따져가며 판단하고 의사결정할 일이 있고, 숫자를 결부시켜 생각하면 안 되는 일도 있다는 게 그의 믿음이다.

어찌 보면 당연하게 느껴지는 이런 생각이 사실은 심각한 오판을 불러오고 끔찍한 결과를 낳을 수도 있음을 많이 보았다. 실은 우리가 수치화할 수 없고 또 해서는 안 된다고 느끼는 부분에 더 치밀한 숫자가 개입되어야 한다. 가치와 감성에 숫자를 매기고 이것으로 측정하고 비교하며 계산하는 태도가 필요하다.

어렵게 생각하지 않아도 된다. 1 to 10이라는 간단한 도구를 쓰면 충분하다. 그것이 주관적이어도 상관없다. 시간이 지나면서 점점 정교해질 것이기 때문이다. 그 출발은 숫자에 대한 편견을 벗는 것이다. 숫자는 우리 삶을 건조하게 만들지 않는다. 오히려 더 풍부하고 인간적으로 채워줄 것이다.

6장

'1 to 10' 사고법 확장하기

의사결정 나무와 1 to 10

의사결정이나 미래 예측 등에 널리 쓰이는 도구로 의사결정 나무Decision Tree라는 게 있다. 나무뿌리에서 줄기, 가지로 뻗어나는 모양이다. 가지가 세분화하듯이 점점 넓어지기 때문에 'tree'라는 용어를 쓴다.

다음 페이지 그림과 같은 이미지를 한 번쯤은 보았을 것이다. 최상위의 노드(뿌리와 줄기)에서 출발하여 하위 노드(가지)로 진행하면서 각 단계의 질문(분류 변수와 분류 기준값)을 던져 결정과 예측을 정교하게 만든다. 꽤 엄격한 방법론과 수식을 동원하는 의사결정과 예측 기법이지만 일상에서 단순화

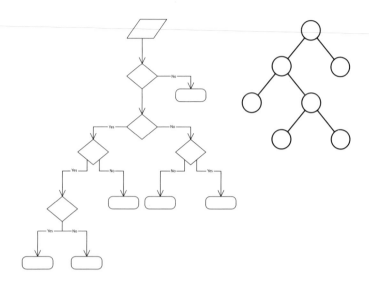

하여 사용하기도 한다. 가장 쉽게는 스무고개 같은 방식을 생각하면 된다.

매우 많은 변수로 둘러싸인 복잡한 결정을 내려야 할 상황이라면 의사결정 나무를 활용할 수 있다. 최종 결정에 이르기까지 가지를 뻗어가며 각 단계에서 판단하고 다음 단계로 넘어가는 방식이다.

정교한 기법이나 수식을 따르지 않더라도 이런 절차를 거치는 것만으로도 생각이 확장되어 더욱 바람직한 결론에 도달할 수 있다. 의사결정 단계마다 질문을 선택하는 것은 매우 중요하다. 앞에서 이야기했듯이 여러 검토 사항을 죽 늘어놓는 병렬식 사고보다는 한 가지 핵심 사항에 대해 분명히 짚고 넘어가고 여기에 파생되는 다음 사항으로 진행하는 것이 효과적일 때가 많다. 따라서 검토 단계마다 가장 중요한 결정적 질문을 고르는 데 역점을 두어야 한다. '단 하나의 기준으로 선택한다면, 그 기준은 무엇인가?'를 생각하며 질문을 던지자.

질문에 대한 답을 내놓을 때 '예', '아니오'가 기계적으로 나뉘지는 않을 것이다. 이때 답에 대해 1부터 10까지의 숫자로 측정해보면 그 타당성을 더 구체적으로 파악할 수 있다. 의사결정 나무를 이용한 결정과 예측에서도 단계마다 1 to 10이 유용하게 사용된다.

이처럼 1 to 10은 '의사결정 도구'로 일컬어지는 다양한 기법을 활용할 때 세부적 판단의 잣대로 활용하면 매우 효과적이다.

2X2 매트릭스

2X2 매트릭스(2x2 matrix)는 보스턴컨설팅그룹이 만든 환경(시장) 파악과 의사결정 도구이다. 복잡다단한 판단 요소를 단 2가지 기준으로 압축함으로써 단순하면서도 명확하게 파악하면서 입체적으로 볼 수 있게 하기에 경영 현장에서 매우 효과적으로 활용된다.

방식은 간단하다. 파악하려는 대상을 나누는 핵심 기준 2가지를 정한다. 이 2가지 기준은 서로 이질적인 항목이어야 한다. 그리고 한 항목은 X축에 다른 항목은 Y축에 그 정도를 파악한다. 그러면 자연스럽게 X값이 낮고 Y값도 낮은 경우, X

값이 낮고 Y값이 높은 경우, X값이 높고 Y값이 낮은 경우, X값이 높고 Y값도 높은 경우의 4분면이 형성된다.

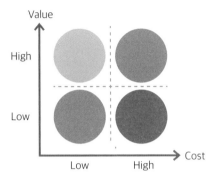

기업의 사업성 파악을 위한 2X2 매트릭스가 가장 많이 알려졌다. 각 사업 분야를 '시장점유율Market Share'과 '성장률Growth'의 두 가지 요소를 기준으로 파악하는 것이다. 그러면 사업 현황은 이렇게 나타난다.

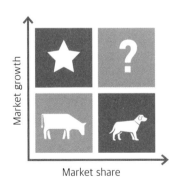

- 스타Star: 성장률과 시장점유율이 모두 높다. 계속 투자하고 육성할 사업이다.
- 캐시카우Cash cow: 시장점유율은 높지만, 성장성이 약하다. 미래를 기대하기 어렵다. 조정과 합리화가 필요한 분야이다.
- 물음표Question Mark: 시장점유율은 낮지만 성장률이 강하다. 어떤 결정을 하느냐에 따라서 스타star로 떠오르거나 도그dog로 전락할 수 있다. 투자를 결정한다면 상대적 시장점유율을 높이기 위해 많은 투입이 필요하다.
- 도그dog: 성장률과 시장점유율이 모두 낮다. 철수가 필요한 사업이다.

2X2 매트릭스는 시장 파악, 환경 분석 등 기업 경영 의사결정에 많이 사용되지만, 개인 생활에도 효과적으로 적용할 수 있다. 대표적으로 자신이 하는 다양한 일의 성격을 파악하고 우선순위를 배분하는 것이 있다. 기준은 '긴급성'과 '중요성(혹은 부가가치)'이다. 앞에서 이미 예로 들었던 것이지만, 다시 떠올려보자.

긴급성

외부 위탁 등	집중할 일
폐기할 일	시간 배정

중요성

- 긴급성과 중요성이 모두 높은 일에 최고의 우선순위를 세운다.
- 긴급성은 낮지만 중요성이 높은 일은 의식적으로 시간을 배정한다.
- 긴급성은 높지만 중요성이 낮은 일은 외부 위탁 등을 통해 기계적으로 차질 없이 수행되도록 한다.
- 긴급성과 중요성이 모두 낮은 일은 찾아서 폐기한다.

이런 식으로 생활의 여러 부분에 대해 2가지 이질적 요소를 동시에 검토함으로써 간명하고 효과적인 파악과 결정에 도달할 수 있다. 2X2 매트릭스의 X축과 Y축을 검토할 때 1부터 10까지의 숫자를 적용하면 더욱 정교한 효과를 얻을 수 있다. 즉 2X2 매트릭스에 1 to 10을 결합하면 더욱 정교한 결

과가 나온다. 그런데 지나치게 정밀하게 파악하는 데 시간을
쏟으면 2X2 매트릭스의 단순한 매력을 해칠 수 있다. 직관적
으로 측정하여 표시하는 게 바람직하다.

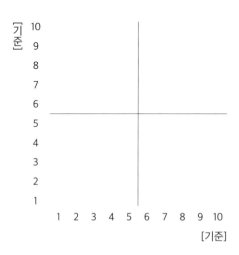

활용을 위한 워크 시트
1 to 10

질문									
①	②	③	④	⑤	⑥	⑦	⑧	⑨	⑩

질문									
①	②	③	④	⑤	⑥	⑦	⑧	⑨	⑩

질문									
①	②	③	④	⑤	⑥	⑦	⑧	⑨	⑩

질문

| ① | ② | ③ | ④ | ⑤ | ⑥ | ⑦ | ⑧ | ⑨ | ⑩ |

질문

| ① | ② | ③ | ④ | ⑤ | ⑥ | ⑦ | ⑧ | ⑨ | ⑩ |

질문

| ① | ② | ③ | ④ | ⑤ | ⑥ | ⑦ | ⑧ | ⑨ | ⑩ |

질문

| ① | ② | ③ | ④ | ⑤ | ⑥ | ⑦ | ⑧ | ⑨ | ⑩ |

질문

①	②	③	④	⑤	⑥	⑦	⑧	⑨	⑩

질문

①	②	③	④	⑤	⑥	⑦	⑧	⑨	⑩

질문

①	②	③	④	⑤	⑥	⑦	⑧	⑨	⑩

질문

①	②	③	④	⑤	⑥	⑦	⑧	⑨	⑩

질문

①	②	③	④	⑤	⑥	⑦	⑧	⑨	⑩

질문

①	②	③	④	⑤	⑥	⑦	⑧	⑨	⑩

질문

①	②	③	④	⑤	⑥	⑦	⑧	⑨	⑩

질문

①	②	③	④	⑤	⑥	⑦	⑧	⑨	⑩

활용을 위한 워크 시트
2×2 매트릭스

제목:

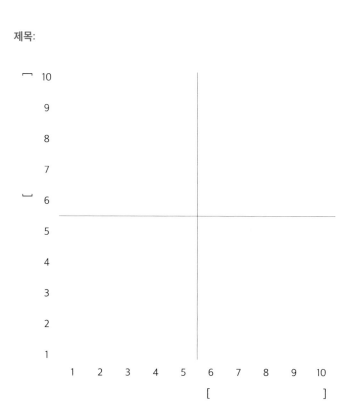

제목:

```
┐  10

    9

    8

    7

┘   6
           ──────────────────────────────
    5

    4

    3

    2

    1

        1   2   3   4   5   6   7   8   9   10
                          [                    ]
```

제목:

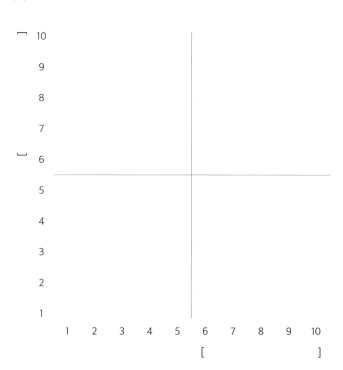

제목:

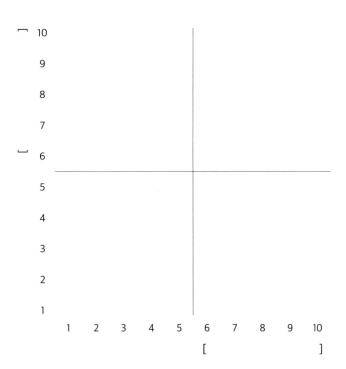

제목:

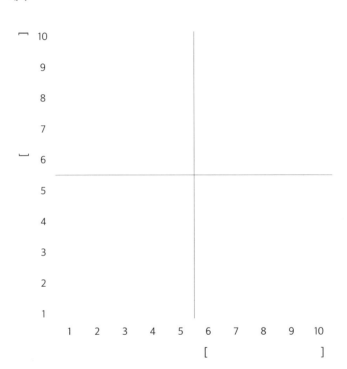

1 " " 인용한 부분은 도종환, 「귀가」, 『부드러운 직선』, 창비, 1998.

2 샘 혼 지음·이상원 옮김, 『오늘부터 딱, 1년 이기적으로 살기로 했다』, 비즈니스북스, 2020.

3 고미야 가즈요시 지음·김경은 옮김, 『숫자력』, 위즈덤하우스, 2009.

4 김창희, 『계량적 사고와 의사결정과학』, 인천대학교출판부, 2018.

5 브라이언 크리스천&톰 그리피스 지음·이한음 옮김, 『알고리즘, 인생을 계산하다』, 청림출판, 2018.

6 프리드리히 니체 지음·박찬국 옮김, 『아침놀』, 책세상, 2004.

7 프리드리히 니체 지음·이상엽 옮김, 『이 사람을 보라』, 지식을만드는지식, 2016.

8 로버트 치알디니 지음·황혜숙 옮김, 『설득의 심리학』, 21세기북스, 2013.

9 마이클 모부신 지음 · 김정주 옮김, 『왜 똑똑한 사람이 어리석은 결정을 내릴까?』, 청림출판, 2010, 36~37쪽.

10 곽근호, 『착한 사람이 이긴다』, 한스미디어, 2019.

11 윌리엄 맥어스킬 지음 · 전미영 옮김, 『냉정한 이타주의자』, 부키, 2017.

12 어니 젤린스키, 『모르고 사는 즐거움』, 중앙M&B, 1997.

13 메이허, 『걱정하지 마라 90%는 일어나지 않는다』, 미래북, 2018.

14 이신영, 「하버드대의 영원한 멘토, "트랙 도는 경주마 아닌 야생마로 살라」, 《조선일보》, 2013. 3. 30.

15 이상철, 「방하착」, 《법률신문》, 2019. 9. 23.

16 신기율 지음 · 전동화 그림, 『직관하면 보인다』, 쌤앤파커스, 2015.

17 김찬호, 『돈의 인문학』, 문학과지성사, 2011. pp.19-20. 재인용.

18 마스노 순묘, 『9할: 걱정하는 일의 90%는 일어나지 않는다』, 담앤북스, 2014.

19 앙투안 드 생텍쥐페리 글 · 김혜영 옮김, 『어린 왕자』, 푸른나무, 2010, 24~25쪽.

20 필립 로스코 지음 · 홍기빈 옮김, 『차가운 계산기, 경제학이 만드는 디스토피아』, 열린책들, 2017, 183~184쪽.

나는 좀 더
계산적일 필요가 있다

1판 1쇄 인쇄 2022년 10월 28일
1판 1쇄 발행 2022년 11월 04일

지은이 장준환

펴낸이 최준석
펴낸곳 한스컨텐츠
주소 경기도 고양시 일산서구 강선로 49, 404호
전화 031-927-9279   **팩스** 02-2179-8103
출판신고번호 제2019-000060호   **신고일자** 2019년 4월 15일

ISBN 979-11-91250-09-1 03190